生與死的教育

王珍妮 譯

SEITO GHI NO KYOUIKU

✐ By Alfons Deeken

作者簡介

阿魯豐斯‧德肯（Alfons Deeken）

一九三二年出生德國，專長為哲學、生死學。上智大學文學院教授，紐約佛達斯大學哲學科博士。一九五九年赴日，目前於上智大學開授「死的哲學」等課程，擔任「東京‧思考生與死之會」及「思考生與死‧全國協議會」的會長。曾獲一九九一年全美死學財團獎、第三十九屆菊池寬獎、一九九八年德國功勞十字勳獎章、一九九九年第十五回東京都文化獎等多獎項。

　著作：

> 《死とどう向き合うか》（如何面對死亡），
> 　NHK 圖書出版
> 《ユーモアは老いと死の妙藥》（幽默是衰老
> 　與死的良藥），講談社出版
> 《第三の人生》（第三人生），南窗社出版
> 《旅立ちの朝》（出發的早晨）合著，新潮文
> 　庫

《死への準備教育》（為死做的準備教育）編著，全三卷等。

校閱者簡介

張淑美

學歷：國立高雄師範大學教育系哲學博士

美國加州州立大學 Fresno 校區博士後研究

現職：國立高雄師範大學教育學系教授

經歷：中學教師、大學助教、講師、副教授

1988 年國家高等考試教育行政人員類科及格

美國死亡教育與諮商學會終身會員

中華生死學會第一、二屆理事

高雄市生死教育手冊指導委員

參與教育部高中暫行課程綱要生命教育類科——

「生死關懷」科研擬

教育部「推動生命教育諮詢委員會」第四、五、六屆委員

台灣生命教育學會終身會員與第一、二屆理事

高雄市市政府「殯葬設施審議委員會」委員

佛教蓮花臨終關懷基金會「生死教育委員會」委員（兼副召集人）

世界宗教博物館生命領航員聯誼會諮詢委員

著作：專著《死亡學與死亡教育》（高雄：復文）

《生命教育研究、論述與實踐——生死教育取向》（高雄：復文）

編著《中學「生命教育」手冊——以生死教育為取向》（台北：心理）

審訂《生與死的教育》（台北：心理）

合譯《生死一線牽——超越失落的關係重建》（台北：心理）

《學校為何存在？美國文化中的全人教育思潮》（台北：心理）

合著《生命教育》（台北：心理）

《實用生死學》（台中：華格納）

主譯《生命教育——推動學校的靈性課程》（台北：學富）

發表生死學、生命教育等相關研究與論述著作數十篇

譯者簡介

王珍妮

一九五七年生，日本國立東北大學教育學研究科博士課程修畢，現為博士候選人，及成大外文系兼任講師、立德管理學院應用日語系專任講師。

譯作（日文版）《繡の聖書》

（一九九六年，台灣繡畫美術館發行）

（中文版）《幫助我，讓我自己去做！》

（一九九七年，新民幼教出版）

《孩子在活動中學習》

（一九九七年，新民幼教出版）

《二次啟蒙》

（二○○○年，新手父母出版）

《答案就在孩子的圖畫中》

（二○○一年，新手父母出版）

目　錄

前言

── 思考教育這個字的意義

　　最近在教育這個字眼裏，似乎被強迫地套入了某些微妙的意思，有人察覺到了，有人開始感到敏感甚至反感。不錯，這十幾年來的教育，的確會讓人有這種感覺，那麼這樣的感覺又是因何而起的呢？當然有許多理由，在此我想就教育本來的意義，再一次地與讀者們一起來探討一下。

　　教育，不應該只是教師把自己所擁有的知識，單方面地硬塞給學習者而已。當然，目前藉由科學所解開的事實的累積，以及歷史上各種不同解釋的學習方法等，是非常需要教育的，但是教育的根本目標，在於身為一個人該怎麼去活，該把自己價值觀的基準定位於何處，也就是說，教育的目標在於形成每一個人生活的基本態度。

　　Education 這個字翻譯成日語的「教育」，就語義上說，我認為相當好。「教育」一字，在日語漢字的組合上，是「教導培育」，或是將自己所擁有的知識和技術傳

授給別人，一起孕育成長。我認為教育不是把自己的知識硬填壓給對方，而是將每個人內在所潛藏的不同能力導引出來的一種互動的過程，這才是教育本來該有的形式。然而，現代社會生活步調愈益繁忙緊張，以我們本來的價值觀，已不足以應付不斷發生的異常事件。許多人因為不知如何去應對那樣激烈的變化，不是變得躲進自己的殼裏，就是和社會、和他人脫節，變得沒有感覺、對凡事都漠不關心。我想這是拼命地想做好自我防衛的一種表現。

他們這麼做只是為了不讓自己的存在意義被時代的波濤淹沒罷了。或許現代的孩子們，就是這樣在溺死前拼命掙扎的。家庭內的暴力事件、教室失序、頻繁的青少年犯罪案件的趨低年齡化等，無論哪一者，都暴露出現代社會的病根之深，並呈現出孩子們在這樣的社會中不知不覺被感染所表現出來的行為，不禁令人黯然、無言以對。對從事教育工作的人士來說，所感受到的危機感又更加深刻了吧！

我在上智大學多年來一直開授「死亡哲學」這門課，在每學年四月新學期上課時，我總是會對新生說：「與其盡信老師我所教的，不如自己思考來得重要。」也就是說，自己的價值觀，不是把人家給你的囫圇吞棗下去，而是要自己好好地思考，在不斷嘗試錯誤之中，形成自己的一套價值觀。

而支持這個行為的基礎，在於獨立自主的思考。哲學的基本原則，乃在於自己自由地思考、選擇自己的生活態度，並朝著自己所認為的生活態度積極行動。而「生與死的教育」正是我在這二十五年當中，從事「為死所做的準備教育」，針對各個不同的地區、不同年齡層的人、積極地普及並與教育密切結合的一項重要工作。

　　對有生命的人來說，活著的時間是有限的。我深切盼望能藉著這一本書，讓我多年所撒下的「為死所做的準備教育」的種子，在更多人的心中萌芽，並得以成長地更豐盛。

導讀

「生死教育」就是善生善終的「生命教育」

一、前言：「生命中並無巧合」
——和本書的因緣

　　美國死亡學先驅伊莉莎白‧庫柏勒—羅絲（Elisabeth Kübler-Ross）曾說過「生命中並無巧合」（Nothing in life is a coincidence）。筆者能有機會兩度和本書原作者阿魯豐斯‧德肯博士（Dr. Alfons Deeken）見面並交換著作，並且有此榮幸拜讀其大作《生與死的教育》中文版初稿並為文序荐，感到非常高興。更覺得同是生死教育領域的研究者與推廣者，本來即是不分國界，有緣自會千里來相會，一見如故，其來有自，豈是「巧合」？

　　由於和德肯博士都是美國「死亡教育與諮商學會」（Association for Death Education and Counseling，ADEC）的國際會員，筆者在 ADEC 1997-1998 的會員名冊上早已知道德肯博士服務於日本的上智大學（Sophia Univer-

sity）。「恰巧」2001 年亞洲及太平洋區安寧療護會議於
5 月 3 日至 5 日在台北舉行，本人和德肯博士也參加了該
項會議，會中德肯博士也有幾次的發言，令人印象深刻。
在 5 月 4 日最後一場研討場次後和他有機會交談，他立即
慷慨地送我兩本他的大作，其中一本就是剛出版的這本
《生與死的教育》。可惜，我無法閱讀日文，又不願錯失
拜讀的機會，乃想到我的公婆均受日本教育，尤其公公曾
擔任四十餘年小學校長，退休之後有較多閒暇，乃拜託公
公替我看看該書，以便吸收日本有關生死學與生死教育的
最新資料，對我的教學研究定有幫助；再者，也藉此間接
讓他們自然地接觸這個主題。沒想到，很久沒機會動筆的
公公竟然真的一字一句地翻譯完第一章，他客氣地要我先
看看可不可以時，約在十月初心理出版社即告知此書已由
留日的王珍妮老師譯成中文，請我校閱，筆者覺得真是
「很巧」的「因緣」，當然就樂意的接受了。

　　稍後在今年 11 月 8、9 兩日彰化師大共同科及通識中
心辦理的「台灣地區高中職生死教育研討會」，策劃主辦
的紀潔芳教授特地邀請德肯博士來台與會主講多場生死教
育方面的主題，因此「碰巧」又第二次和他見面，聆聽他
如何踏入「死亡哲學」的領域，又是如何篳路藍縷地在日
本大力提倡推動「為死做準備」的「生死教育」！歷二十
五年來，日本的生死教育已卓然有成。他並推動成立「東
京・思考生與死學會」及日本「全國生與死學會」，也擔

任學會會長，除了本書之外，還出版製作了一系列的生死
教育方面的專著及錄影帶等，堪稱獻其學術生命於「為死
做準備的生死教育」不遺餘力！

　　透過王珍妮老師的譯筆，再三拜讀本書，相信讀者也
會和我有同樣的感受，那就是有關生死的教育正是每個人
都需要學習的終身教育！因為我們每個人都希望自己與所
愛的人都能**活得更好**！本書作者具有深厚的哲學素養、紮
實的實務經驗以及慈愛的宗教情懷（他本身也是位天主教
神父），他以精簡易讀的筆調親切地告訴我們，「生死的
教育」本來就應該是在家庭中被自然教導的「生活教
育」；在學校中宜坦然正視並更加積極思考的「全人教
育」；在社會中不僅要突破談死論生的禁忌，藉著深入思
考「生與死」這個終極而切身的問題，生死教育也正是終
身要學習的「生命教育」。

二、「生與死的教育」就是「善生善終的教育」

　　在本書第一章，作者開宗明義地說明「生與死的教
育」，就是「為死所做的準備教育」，也是「為了活得更
好的緣故」！試想吾人一生中汲汲營營追求許多「目
標」，也急急忙忙地準備，準備一大堆其實自己也不太確

定是否可以達成的目標（因為很多根本不是自己真正想要的）。諷刺的是，我們常常忙到沒時間好好準備人生中最確定、最必然發生的「終生大事」，包括自己與至愛的人的！所以往往「無常」一旦真的降臨在自己周遭了，才不斷地否認或憤恨，「不會吧！」、「天啊！」、「為什麼？」，其實「無常」不就是最平常也很正常的嗎？然而，因為平時吾人不能將死的準備放在生的準備中，我們自然也很難接受死是「必然」並非「偶然」！

誠如德肯博士引德國哲學家海德格定義「人是『為了死才存在的』」，再加說明如下：

> 「死」是每個一人某一天必然要面對的一個普遍的、絕對的現實問題。死是不能事先去體驗的，所以就必須把死當作一個切身的問題，不僅去探求生與死的意義，並要學習時時保有自覺，做好自己和他人之死的心理準備。（頁3）

「既有生，何須死？」是吾人不能接受「有生必有死」的必然性，反而把死亡視為禁忌所導致的恐懼不祥的心理反應。其實「生死乃一體兩面」，「對死的意義的探求，其實就是對活得更有意義的探求」，我們不僅要坦然面對，更要及早接受「為死所做的準備教育」。作者在本書中逐一介紹生死教育的十二個目標，包括正視死亡、停

止對死亡的忌諱，以及如何防止自殺、臨終照顧、器官捐贈等生死問題的探討等等；也提出讓孩子參加葬禮的積極意義；還有提倡以「幽默教育」來化解對死亡的恐懼，十分值得學習；最後一個目標則是「由哲學和宗教的立場考察死後生命」，強調「為死所做的準備教育」**『最後還是要人們自己自由地去考察各種生死觀、進而探求自己的死之意義所在，形成每個人獨特的素養和見解』**。（頁39）

再者，吾人如能正視死亡、了解死亡，以及對死亡早有準備，一旦面臨切身的死亡事件時，就比較能夠讓「悲不再傷」了！因此，作者也認為「悲傷教育」應含括在「生與死的教育」當中。

本書所主張的「生死教育」之目標與內容，真是深得我心。以筆者鑽研生死學多年的了解與心得，深深認為並強調，以教導「生與死」以及「失落與悲傷」等相關主題的「生死教育」，其實就是希望引導吾人「善生善終」的「生命教育」！

三、「他山之石可以攻錯」——先進國家實施的實例

筆者，包括國內從事生死學、生死教育、生命教育的研究者與推動者所介紹的國外生死教育的發展與實況，多

以美、英、加等國為主。本書作者係德國人，在美國完成博士學位，然後旅日任教於上智大學，十分積極參與並考察諸先進國家生死教育的學術活動與實務，在本書第二章分別介紹德國、美國、英國、澳洲及瑞典等五個國家的實例，尤其側重在中學及小學的實施情形，深值得國內相關學界及學校實務工作者推展生命教育的參考。

令人印象深刻的，特別是德國的「為死所做的準備教育」是放在宗教課程中實施，而且宗教課程是從小學（六年）到中學（三年，相當於我們的國中）乃至高中（四年）總共十三年的課程，換言之，德國的生死教育因放置在正式的宗教課程中，乃成為「十三年一貫」的重要課程！令筆者更好奇的是作者收集並分析德國生死教育的教科書近二十幾本，這些教科書「並不是從特定某個宗教的立場來闡述，而是把『死』這個主題，由哲學、醫學、心理學、歷史、比較宗教學等跨學科的探討來引導學生思考」。本書中，特別介紹了德國中學生「為死所做的準備教育」之教科書中的兩大內容：《死和趨向死的過程》以及《臨終—死—復活》，尤其是後者，其教材內容包括學生讀本及教師教學指引等，可供十七堂課（小時）進行，堪稱嚴謹而有計畫。

美國也是生死教育的大本營，在大學乃至各級學校以及社區中已推展三、四十年了。作者則特別介紹明尼蘇達州的「悲傷教育」與「悲傷輔導」的實例，係針對不同年

齡層喪親的孩子所設計的課程；另外則是位於奧勒岡州波特蘭市的「達基中心」，是為幫助一些因生病、事故、自殺或殺人事件等而失去親人的孩子從悲傷中重新站起來的非營利組織，自一九八三年設立以來已提供數千名孩童及家長的悲傷諮商服務，全美已有二十六個以達基中心為模範的類似設施了。

至於英國的情況，作者不僅介紹在英國中學及高中實施悲傷教育的教科書《好的悲傷》（Good Grief），也分析在英國中學九種課程中所談到有關生與死的內容，包括在「英語、其他外語、歷史、生物、藝術、音樂、健康教育、倫理課、宗教教育」等九門課程中融入生死主題的討論。作者並認為融入式課程，缺乏連貫性可能是其最大缺點，但如能在各科之間統整協調，則可讓學生從各種不同角度去思考生死的意義，有如彩虹人生般，在生命的整體中又可見不同之差異，這樣的生命觀豈不是十分精彩美麗嗎？

澳洲則有「全國失落與悲傷學會」（National Association for Loss and Grief），推動「悲傷覺醒週」及「悲傷教育日」，讓學校及社區、師生及家長共同來思考及面對日常生活中的各種失落與悲傷。此外，瑞典的中小學也有危機處理團隊的設立，以因應緊急危機事故的準備。

上述五個國家有關「生死教育」的實例，不管是獨立的正式課程或融入各科的融入教學、悲傷教育與輔導的團

體課程或獨立設置的悲傷輔導機構，抑或是校園危機處理模式等，對國內目前教育當局及民間社團正積極推動生命教育的現狀，實有進一步參考研發的價值。

四、活到老學到老—終身要學習的生命教育

在第三章中，作者也強調「為死所做的準備教育」是為了將自己的生命活到最後、活得更好，是從幼兒到老人，每個人生階段都需要的「生命教育」！

德肯博士認為生死教育應從小在家庭中自然教導，父母在談論死亡時，就應該像在談論人生觀一樣坦然認真，書中也揭示如何教導幼兒乃至青少年面對生死的自然現象以及度過悲傷的重要原則。作者深切期盼日本將來能有大人和小孩、社區和學校一起「思考生與死」的一天，要建議在各學校成立一個「思考生與死之日」，讓師生、家長共同思考為死所做的準備教育、悲傷教育、自殺防預教育、交通安全教育以及愛滋防預教育等五個主題。筆者同樣期盼有朝一日，在國內，「談死論生，思考生死大事」能成為公開而重要的教育內容（廣義的教育，包括家庭、學校及社會教育等），如果全民都能善生善終，豈不就是國泰民安了嗎！

至於吾人如何「加深生與死的思考」呢？作者建議可以「透過文學」，例如閱讀大文豪托爾斯泰的「以凡伊里奇之死」乙書，或可「透過音樂、美術、哲學」等領域來切入。很欣賞作者所說的：

> 回顧人類幾千年的汲汲營營，當不斷地追尋生、死與愛的根源時，其實就是更深入地注視現在自己的人生觀，除此之外，別無他途了吧。（頁103）

　　相較於第二章提到的其他五個先進國家的實例，與我國鄰近的同在東亞的日本，兩者的社會文化中對生死的禁忌和觀念也有若干相似。作者介紹了日本生與死相關的學會在社區的推動以及各級學校中的推展實例，頗值得參考。

　　首先，在德肯博士二十五年來的努力之下，日本已有重要的「思考生與死」的學會，有全國性的也有各地區的分會組織，不僅積極地推廣理念，還製作一系列的「生死教育」教材與錄影帶，主要提供給國高中階段實施的參考。很有意義的是，日本長野縣的生死學會，自一九九七年起固定舉辦以「生命」為主題的作文比賽，參加對象為中、小學學生，參加的學生作品中，在在洋溢著對故人的懷念與感恩，以及對生命的珍惜與期許，真是太好了！這

些都值得國內現有的相關基金會及學會參考推動。

令人感到興奮的是，作者提到在日本各地，從幼稚園到研究所，正積極地推展「為死所做的準備教育」！而且特別舉出幾個小學及中學（相當於我國國中）、高中的教師實施的實例，也包括作者自己在上智大學開設「死亡哲學」，以及東京外語大學鈴木康明教授開設的「生與死的學習—死亡教育概論」乙課的內容。衡諸國內生死教育的發展也大約是從大學、研究所的獨立授課、設所到中小學生命教育的融入，未來也希望更能延伸到幼稚園等學前教育階段，以及社區的成人繼續教育。

身為成人的中老年人，更需要對「生」與「死」再思考，作者提醒中年以上的成人應該對時間、對死亡有重新的體認，因為死已是不能逃避而且逐步接近的問題了，要重新評估自己的價值觀以及運用時間、安排人生的方式了！甚至於還應規劃好退休後的「第三個人生」，安排美好的人生終點！

伍、結語：「好生好死要準備，生命教育一起來」

再引作者說的話：「不分年齡，死，在我們每天的生活中當中是根本的，屬於現在的一件大事。死，就像是我

們人生中的同伴，在生的過程中，總是與我們息息相關」（頁 132），各位是否已有同感，我們每個人都必須自己走向自己的死亡，所以要自己好好準備，感謝生命中的許多同伴的愛，豐富了我們的生命，讓我們不虛此生！同樣的，別忘了，我們也是別人生命中的同伴，在我們有生之年也必須「與人為善，廣結善緣」，發揮生命的長情大愛。因此，有關生命的教育需要大家一起來！

　　最後，如果您是老師、教育工作者、家長、社會工作者、人生中的各行各業者，如果您是您自己生命中的主人，衷心建議您真的好好思考「生與死」，做好「生與死的準備」！如果您尚無準備，建議您好好讀一讀本書，相信可以提供您一些指引。祝福您！

張淑美

於 2001 年歲末寫於高雄師大教育系生死書齋

此為校閱者張淑美博士與本書原作者阿魯豐斯・德肯博士（Dr. Alfons Deeken）合影於彰化師大「台灣地區高中職生死教育研討會」（2001 年 11 月 9 日）。

第一章

何謂「為死所做的準備教育」

一、爲了活得更好的緣故

　　二十世紀德國的哲學家海德格（Heidegger）曾定義說，「人是『為了死才存在的』」。對活在這個世界上，享受了「生」之後的人而言，「死」是每一個人某一天必然要面對的一個普遍的、絕對的現實問題。死是不能事先去體驗的，所以必須把死當做一個切身的問題，不僅去探求生與死的意義，並要學習時時保有自覺，做好自己和他人之死的心理準備，這在目前，就許多層面而言被視為極重要的教育。

　　我們人為什麼要活著？為了什麼來到這個世上？這個問題，從人類開始有思考能力以來，就是一個不解的謎，從幾千年前到現在，都是古今東西哲學和宗教的根本問題所在。

　　生與死是表裏一體的，與死有關的主題，在學術上的分野就是「生死學」。人類文化所有的層面，例如哲學、醫學、心理學、民俗學、文化人類學、宗教、藝術等，都嘗試對死有各種探討，而我則以哲學為中心來探究生死學，並以此為自己畢生之職志。

　　追溯生死學的語源，「死」在希臘文叫做「塔那多斯」（Thanatos），有關死的學問叫做 logos，而這個有關

死的研究領域稱做 thanatology，翻譯成日文，有人譯成死亡學，而我認為從死所學習的，是到死為止如何去活這件事，所以我翻譯成生死學，最近這個語彙也慢慢被接受了。

至於實踐生死學的階段，也就是「為死所做的準備教育」。在翻譯 death education 時，我問了許多日本人的意見之後才做決定。為什麼不是「死的準備教育」，而是「為死所做的準備教育」呢？因為人在死的瞬間之前，是有生命的存在，在上天所賦與的生命一直到死之前，該如何地去活，既然是為了思考這個問題而有的教育，所以二十五年前當我想在日本推廣 death education 時，就把它譯成「為死所做的準備教育」。

二十世紀的前半段發生了兩次世界大戰，人類經驗了生命體大量遭到虐殺的經歷，以致到二十世紀後半段，人們對死或是消極地認為是生命的結束，或是把死視為禁忌，最好不要去想。再進而往重視科學技術進步的方向奔馳，把死關閉在醫院的密室中，錯覺地認為死亡歸屬於醫學，然而，這麼做反而使堅強活下去的意識變得薄弱起來。

現在我們要把想法做一個轉換：與其把死看做禁忌，不如把死當做生的終極頂點，思考在死之前如何運用上天所賦與的時間，如何積極地跨出去。站在這樣的觀點上，「為死所做的準備教育」（death education），也成為深入

探討生與死及活下去的原動力了。

二、「爲死所做的準備教育」的目標

一九八六年我執筆並編輯了《為死所做的準備教育》（叢書，共三卷），這在當時很忌諱「死」的日本，可以說是第一部研究生死學的專書。我私下把這套專書發行的一九八六年定位成日本由死的禁忌時代跨向「為死所做的準備教育」的轉捩點。

當時我把「為死所做的準備教育」分成十五個主要目標，其中又特別把它們針對當時「教育的挑戰」的重要部分整理成十二個目標。茲列舉各目標項目如下：

1. 了解瀕死的過程。
2. 符合人道的死法──人的尊嚴。
3. 停止對死亡的忌諱。
4. 如何處理面對死的恐懼與不安。
5. 如何防止自殺──對生命的威脅。
6. 病情告知與靈性照護。
7. 何謂臨終關懷運動。
8. 安樂死。
9. 器官捐贈的觀點。
10. 葬禮──讓孩子參加的意義。

11.鼓勵幽默教育。

12.由哲學、宗教的立場考察死後的種種。

(一)了解瀕死的心理歷程

庫柏勒‧羅絲博士（E. Kübler-Ross）是一九二六年出生於瑞士的精神科醫生，長年居住美國從事研究。她從和數百位末期患者的直接訪談中，研究探討人類面對死亡的心理，並發表了一部名著《論死亡與瀕死》（On Death and Dying, 1969）。在書中她敘述到所有末期的患者在死之前有五個共同的階段，並舉出了各階段所特有的問題點以及特別的需要。

一九六九年由於《論死亡與瀕死》在美國的發行，全世界也捲起了一股強烈對生死學關心的風潮。之後相繼有許多研究的跟進，對於庫柏勒‧羅絲博士所提出的這五個階段是否妥當，至今仍議論不斷。

庫柏勒‧羅絲博士的研究，主要是以美國患者為對象，但是不管是哪一國人，就死之前的人類心理來說，本質上仍有許多共通的部分。當患者經過這幾個階段時，他們的人格在死之前仍然可以達到某種豐富的成長，而且這樣的情形還為數不少。以下茲將庫柏勒‧羅絲博士的瀕死過程的五個階段，以及我所認為的第六階段介紹如後：

第一階段－**否認**（denial）

患者在這個階段否認自己將死的這個事實，認為一定是醫生的誤診，有時會自我封閉，這是面臨突然要接受死亡時的一種防衛機制的表現。

第二階段－**憤怒**（anger）

「為什麼我必須死呢？」這樣的疑問和憤怒一起爆發出來，而這樣的憤怒常常指向患者身邊的家人、醫師和護士等對象。這是「我還活著」的最後自我發表，但卻不得其所，是很不協調的表達方式。這個階段的患者，很難有理性的溝通，周圍的人常常迴避患者，或是不去招惹患者的憤怒；總之，需要很有耐心地對應。

第三階段－**討價還價**（bargaining）

患者和身邊的醫療人員及家屬，或是掌管自己命運的神做死期的拔河與談判，試圖把迫近的死亡稍微延緩一些。例如想參加女兒的結婚典禮，只要能順利結束，無論多麼痛苦的治療我都會忍耐，請幫助我活到那時候，我每天一定會獻上禱告等，通常會向醫師和神佛提出這種替代似的交易。

這個階段並不長，是患者和他人之間較為開放和協調的時期，是可能作理性溝通的。照顧患者的人可以幫助患者藉這個機會回顧自己的人生，做到「生命回顧」和「人生總決算」（英文即 life review therapy, 德文則為 Lebens-iblanz）。

第四階段－**憂鬱**（depression）

先是出現因為生病而失去某種東西的「反應憂鬱」，不久患者察覺到將失去所有的東西時，漸漸進入下一個階段的「準備憂鬱」期。對於在「反應憂鬱」期的患者，如何激勵他拾回自己的自尊心是很重要的，但是對進入「準備憂鬱」期的患者，只要靜靜地坐在他的身旁握住他的手，分擔他的悲傷，成為他心靈的扶持，就是很必要的照護。

第五階段－**接受**（acceptance）

患者知道自己已無法逃脫命運的掌控，平靜地接受這個事實，對周遭的事物變得更不關心。患者一旦進入這個階段，反倒是他的家人對心愛的人即將死亡的事實，陷入不安和混亂的狀態，所以醫療相關人員必須留意去對患者的家人提供幫助。

以上是庫柏勒・羅絲博士的「瀕死過程五個階段論」的學說。在此我再加上第六個階段「期待與希望」來加以說明。

第六階段－**期待與希望**（expectation and hope）

基督徒相信死後有永遠的生命，所以對他們來說，不會只停留在「接受」的階段，他們期待在天國可以再見到他們所愛的人，對永遠的未來抱持光明、希望的態度。在歐美我遇見過很多這樣的人。對死後生命所抱持的希望，

就生與死的意義的說明上，其實是很重要的關鍵。周圍的人要好好地去理解末期患者心靈的各種需求，與患者同理心，共同步入最後的一個階段。

(二)符合人道的死法 —— 人的尊嚴

身為生物之一的人類，和其他動物比較起來，其實是非常的脆弱，每一個人不過是一根柔弱的蘆葦草，就像法國的哲學兼數學家帕斯卡魯（Pascal）所說的，人是個「會思考的蘆葦」。

我一直認為，人類之所以偉大，有以下三點：

1. **人類會自己思考；**
2. **人類會照著自己所思考的，自由地去選擇自己的生活方式；**
3. **人懂得去愛。**

由於人類有這三點可能性，所以一直到生命的最後，人類可以活得像自己，這才是真正像一個人的生活方式，所以我認為也應該有符合人道的死法。

德文裏表達「死」的動詞有兩個，一個是隨著死亡的接近，精神和肉體的能力逐漸衰微，最終結束的這種動物性的死亡，這時使用 verenden 這個動詞；另一個所指的

是，儘管肉體同樣趨向衰弱，但精神的、人格的成長都是持續到最後死亡的一刻，是完全符合人道充滿人的尊嚴的死亡，德文裏用sterben來表達。人類的死，不是被動地交給命運，而是積極主動要去達成的課題。或許有不少人認為，死不過是個無意義的結束罷了，然而把死當作人類成長所需要的糧食，讓生的意義得以更豐盛地實現，卻是可能的。

(三)停止對死亡的忌諱

關於死的思維模式，反映出各個時代不同的狀況。

中世紀的歐洲認為「死」是畢生應該學習的藝術。以「死的藝術」為主題的書籍大量發行，人們從「你啊！要記住死這件事」的話中，獲得許多往生的心得。

十九世紀時，「性」是絕大的禁忌，而對「死」卻比較能自由地談論。但是進入二十世紀後卻相反了，以前在自己的家中、在眾親人的守候下臨終斷氣被視為理所當然的事，從二十世紀後半，人類的死竟被關閉在醫院的密室中，對「死」的忌諱愈來愈深了。

正因為愛的喜悅和死別的悲傷與苦惱，是人類根本的體驗之一，是每一個人所關心的主題；然而對死亡的忌諱，反而阻礙了人類的自由思考，剝奪了人與人之間坦率

的對話以及彼此溝通交流的機會。

　　所以，若對死一直避諱、以禁忌視之的話，這個蘊藏著豐富創造性的主題，就失去了率真暢言的管道。對現代教育而言，無疑地也造成了很大的損失，不是嗎？

㈣如何處理面對死亡的恐懼與不安

　　對死亡所產生的恐懼來自兩種情況，一種是對於不明的特定對象將加害於我們，也許是某種動物或某種病，不能掌握或不清楚時的那種恐懼；另一種是很清楚地知道具體的對象和原因的恐懼，錯綜複雜地糾葛在一起。這種恐懼的情緒，就是在一般健康的人也很常見。醫師和護士等醫療人員如果在自己無意識中不能克服對死的恐懼和不安的話，就會產生和末期患者之間溝通上的障礙。對死抱持著恐懼態度的人，往往會帶給患者無謂且極大痛苦，我聽過許多這樣的實例。

　　本來對死亡的恐懼與不安有兩種特性，如果只是被動的受到這種情緒的牽制的話，將陷於絕望和無力感，精神遭到腐蝕的危險性也很高；但相反地，如果能把這種恐懼和不安當做人生的挑戰來接納，能夠主動地去順應的話，就可以帶來人性與人格成長的機會。

　　總之，一說到死亡的恐懼與不安，以否定的感情來想

的人居多，其實它也能帶給人迴避生命的危險的機能，和孕育創造力等積極的功能。恐懼具有通知危險、傳達信號這樣的機能，譬如說，如果生病或受傷時，感覺不到任何疼痛的話，或許我們就不會接受醫生的治療，也不會擦藥也說不定。因為痛苦本身是令人不愉快的東西，也因為痛苦，我們可以超越過身體的危機，面對死亡的恐懼，也同樣具有這樣的功能。

　　而且對死亡的恐懼，也可以刺激一直隱藏未見的潛能的產生。我們人都有一種願望，就是在自己死後仍有一樣永續存在的東西能遺留給後世的人，然而大多數的人，明知生命是有限的這個事實，卻將自己內在潛能開發的可能性擱置了。對死所產生的恐懼，可以讓一個人覺醒到生命的有限，讓創造性發揮到極致，成為強而有力的一股精神力量。

對死的恐懼和不安的九種形態

　　對死所產生的恐懼和不安，是一般人共通的反應。我認為有必要去瞭解這種恐懼和不安的類型，這可使恐懼和不安緩和到較正常的狀態。這在「生與死的教育」中，也是很重要的一環。

　　以下就我所分析的對死的恐懼和不安的九種形態列舉如後，提供參考。

1. 對苦痛的恐懼

對於即將瀕臨死亡的人來說，心理上的苦痛（psychological pain）、社會上的苦痛（social pain）、靈性的苦痛（spiritual pain）及肉體的苦痛（physical pain）這四種苦痛複雜地糾纏在一起。對瀕死的人而言，當他瞭解到即將和所愛的人離別，必須失去所有一切東西時，會引起很激烈的心理上的苦痛。而末期患者會有一股強烈的社會上的苦痛壓在他們身上，就算掛念著家人的種種，卻已經不能為他們做什麼了的那種感嘆。此外，關於苦痛本身的意義，會引發人們去思考人生根本的意義在哪裏的那種深切的苦痛。後面我也會提到「精神的、靈性的」來加以說明，這一部分是日本人比較不習慣的說法，也就是靈性的苦痛。再下來就是實際上肉體的苦痛。這四種總體的苦痛的除去，是我所盼望的。

後面會提到的臨終關護中，我在末期患者的全人研究上，特別把重點放在除去這四項整體的苦痛上。

2. 對孤獨的恐懼

想想自己該不會被大家捨棄，一個人孤零零地迎接這最後的終點吧？這種恐懼，成為許多人共同的苦痛之原因。尤其在日本和德國，怕死的人被認為是膽小鬼，有這種傳統觀念的國家裏，男性對孤獨所產生的恐懼，通常不太敢說出來，可想見在他們內心所累積的心理壓力是相當大的。

3.對不愉快體驗的恐懼 —— 失去尊嚴的恐懼

有許多人認為，走到人生的最後，不願在家人和朋友面前，因為自己的病容而丟人現眼。今後關於這點，醫院應該要把患者也當做一個人來看待，不要讓他的尊嚴受到侵犯，以期能做到更細微的呵護。

4.造成家人和社會負擔的恐懼

「不要給別人造成困擾」是日本文化中共同的觀念之一，一般說來是很好的美德，有很高的評價，這也是日本人被認為有修養、品格高尚的部分。不過我倒是希望今後可以更積極地往如何將自己的經驗活用出來，以幫助其他人往這個方向發展。周圍的人當中如果有末期患者，我們往往會想，該為他做什麼才好、或是我能做些什麼之類的。不過我認為應該把患者當做普通人看待，帶著謙虛的態度向他們學習才對。

我舉一個例子，從一九八二年起我每年都會在上智大學十號館的教室，為醫療相關人員和一般市民，舉辦「思考生與死的研討會」。大概是十年前的一次研討會上，有一位三十五歲乳癌末期的患者，以研討會的一員的身分，親身敘述她個人的痛苦以及和疾病抗爭的經歷。她躺在休息室的沙發上等待輪到自己說話的時候，她說，希望自己的經驗能夠對其他患者有所幫助，並且也以乳癌復發患者的立場，義正詞嚴地向醫療相關人員提出她的要求和希望。後來她在研討會後的四十天往生了。在死之前，她一

直很高興自己的經驗能對別人有幫助，而且一再地說，可以幫助別人是件非常令她高興的事。

5. 眼前的事物是個未知數的不安

因為死這件事不是用一般的知識就可以事先預知或學習的，所以會有人陷入恐慌的狀態，我想這種不安可以透過「為死所做的準備教育」得到緩和。

6. 對人生的不安和對死的不安

年輕時對生與死那種不安定的感情，通常會和老了之後對死的強烈不安的情緒糾結在一起。瑞士的心理學家榮格（Jung），在我研究「死亡哲學」時對我產生了許多的影響。關於生與死那種錯綜複雜的感情，在他的著作《心靈的構造》（《榮格著作集三》，日本教文社，一九七〇年）中特別提到，不要認為死只是單純的結束，應該把它看做是人生的目標之一。

7. 人生就這樣不完美的結束的不安

沒有辦法完成自己一生的願望，就這樣死去，這是充滿多大痛苦的不安啊！所以周遭的人要幫助患者重新認識自己已經完成的成果，幫助患者做一個平衡的自我評價。

8. 自己即將消失的不安

保護自己的存在，是生物最基本的本能之一。但是想到因為死亡，自己也將完全消失時，那種湧上心頭的不安，可以說是生命體自然的反應吧！對於那些相信死並不代表所有一切都結束的人而言，激勵他點燃對死後生命的

希望，無疑是緩和不安情緒的最好的方法。

9.對死後的審判和懲罰的不安

對一些相信死後有永遠生命的人而言，當中有一部分人畏懼死後會下地獄遭到審判。但是誠如許多宗教的教誨所提的，定奪人死後命運的神，乃是慈愛慈悲的神，只要由衷地悔改認錯就必定得到饒恕，也會得到神的接納。

超越死亡恐懼之道

要完全除去對死的恐懼是不太可能的，但將過多的恐懼緩和到正常的狀態卻是必要的。為此，我舉出三點具體的方法如下：

1.「為死所做的準備教育」

透過「為死所做的準備教育」，知道死的恐懼有各種不同的形態，如果能夠冷靜地分析自己對死所產生的恐懼，那麼對那即將面臨死亡的人而言，應該較能滿足他們精神上的需求才是。

在理解悲傷過程的同時，先克服對死亡的恐懼並讓自己從不安中得到釋放，這種自我意識的改革是值得期待的。

2.幽默和歡笑

我們現在很容易陷入的一種情況，就是只看人生嚴苛不順的一面，卻把幽默和歡笑給忽略掉了！那樣的態度只

會加深我們對死的恐懼罷了。所以學會幽默的感受能力，可以成為憂鬱情緒的安全栓。

充滿幽默且溫和的笑容，不僅使我們能夠和恐懼死亡的人同悲同哭，同時也可以伸出體貼的手，做到人與人之間真正的幫助。

3.懷抱對永生的希望

譬如對基督徒而言，懷抱對永生的希望，是克服對死亡的恐懼的最終關鍵。基督教的教導是，死不是單純的結束，而是到達天國、幸福開始的第一步。我看過不少的基督徒可以因著這個信仰的扶持，充滿喜悅和希望地面臨死亡。堅持自己信仰的人，可以忍耐死前那種痛苦的煎熬，克服對死的恐懼和不安，在平安和諧中走完人生的道路。

當然照護人員不能把自己的生死觀和宗教信仰強加在患者身上，而且如果負責照護的人自己的生死觀不是那麼明確的話，就無法對患者心靈的需求給與很恰當的回應。因為畢竟這個照護總站的主角是患者自己，所以家人和醫療人員陪伴著他一起迎向終點，才是最重要的。

精神的‧靈性的需求（spirituality）

到目前為止，我把 spirituality 暫時譯成「靈性的需求」，然而 spirituality 這個字其實尚無法用日語確切地表達出來。有人譯成靈的、魂的，或精神的，不過這個字包

含了這三方面的意思，它是個蘊涵深遠的語彙。

話雖如此，為什麼最近 spirituality 會成為話題呢？那是因為在一九九九年世界衛生組織協會（WHO），在隔了五十一年後重新明訂了「健康」的定義。執行理事會所下的判斷是「為了確保健康，進一步求『生活的意義』和『活著的意義』是很重要的」，而再三檢討後的結果，採取了肉體的、精神的、社會的，另外加上了靈性的這個部分。日本厚生省也接受了 WHO 的論點，做了一番對 spirituality 這個字的翻譯的討論，然而結果卻被擱置了。

Spirituality 這個字的語源是拉丁語的 spiritus，英語的 spirit，有心、靈魂、精神、活力、力氣等意思，其實最初是精氣之意（也就是上帝在造人時對他所吹入的氣息，是生命力量的根源）。這個說法來自舊約聖經中，神照著自己的形像造人，向亞當的鼻子裏吹入了氣息，於是亞當就成了有靈的活人（《創世紀》二、6）。也就是說，在生命裏注入了勇氣與熱忱，可以說像是東洋醫學裏所指的「氣」那樣的東西。當然也可以用生命的力量或活動來找到適合的語彙，然而，這個 spirituality 又與心靈的治癒有關，目前很難找到非常貼切的日語來表達這個字。

(五)如何防止自殺 —— 對生命的威脅

　　我們人活在地球上，有一種是生命體自然結束的「不可逃避的死」，還有一種就是，如果努力的話就可以迴避的「或許可以避開的死」。後者的這個「或許可以避開的死」，我所指的是威脅到生命的戰爭、自然災害（包括人禍）、環境污染、交通事故、毒品、愛滋病，以及自殺等等，或許有人不同意把自殺列入「或許可以避開的死」裏面，但我之所以這麼歸納，主要想深入理解想自殺的人的心理，希望多少可以防止自殺的發生，這一點也是我「為死所做的準備教育」的重要目標之一。

自殺的定義和最近的傾向

　　由於自殺常被加上一些模糊不清的概念，所以首先要明確地訂出自殺的定義，也就是「直接剝奪自己的生命」，「自己」所指的是因著自己的自由意識而有的行為。在日本的歷史中常見的武士切腹自殺，其實那是賜死，是處刑的一種手段，不能說是自殺。另外像蘇格拉底高舉毒飲而飲，那也不是自己的自由意志，而是被強迫的，這些都不能列入自殺的範疇裏。

近來在日本自殺者的人數，不限年齡層，有節節升高的趨勢。一九九九年自殺人數是死於交通事故的三‧七倍，相當於三萬三千四十八人，是歷年來最糟的狀況。其中自殺人數的七成是男性，而四、五十歲的人又佔整體的四成之多。多年來的不景氣所造成的負債和裁員，把中老年齡層的人逼向了自殺之途。

而且十五～二十四歲的青少年層的自殺人數也在急增當中。根據一九九八年度厚生省所做的人口動態統計得知，這個年齡層的自殺者是二千零六十五人，比前一年增加了四成，並且其中大學生自殺人數的增加，尤其引人矚目。至於青春期的學生幾乎連遺書都不留，到底自殺的原因是什麼，有很多家長和老師都不明白。

自殺在倫理上的評價

為什麼自殺這個行為在倫理上來看是不被允許的呢？如果能瞭解其中的理由，應該能成為防止自殺的一個有效的方法。

從倫理上來看，我反對自殺有以下幾點主要依據：

1.自殺違反了生物保護自我存在的本能。

2.自殺是一種違反尊重生命的行為，如果說自己了斷自己的生命是件好事，那麼就容易陷入簡單地奪取他人的生命也是件好事的錯誤觀念裏。

3.自殺違反了愛自己的真諦，自殺等於中途放棄上帝所賦與實現自我的使命。

4.自殺對社會造成傷害，自殺不僅傷害了自己，還造成周圍許多人的悲傷和痛苦，尤其是不好的示範，會引發之後其他人自殺的誘因。

5.自殺只不過是痛苦狀態中的一種逃避罷了。

6.自殺所代表的不但是絕望，更否定了生命的意義。

7.生命是上帝所賜與的寶物，不允許我們任意地損毀。自殺可以說侵犯到上帝的權利。

如何防止自殺

許多想要自殺的人，並不是從他們內心深處那麼想要死。他們雖想「死了算了」，但另一方面他們更是「想再活下去」、「希望有人來幫助我」才是。然而眼前的困境再怎麼做都無法得到解決時，他們於是就想不開，產生唯一解脫之道只有訴諸自殺一途的想法。年輕人想去自殺的想法的深處，有著深沈的孤獨感和對人的不信任感，那種悲哀有如被捲在黑暗的漩渦裏一般。

事實上，透過自殺這麼激烈的行為，那些人的內心還隱藏了一種潛意識的願望，那就是要引起別人的注意，博得更多的同情。如果這時身旁有人願意好好聆聽他所要發紓的訊息，能夠以同理心來接納他的話，那麼一定可以引

導他放棄自殺的念頭。

學校的自殺預防教育，是今後重要的課題。不過目前教師本身對死還抱持著忌諱的想法，所以我想先透過對教師做「為死所做的準備教育」，向他們提出訴求，強調防止青少年自殺的必要性。

因為兒童、學生大多數的時間都是在學校度過的，所以希望教師們能對「生與死的教育」投注更多的關心。譬如說聽聽精神衛生專家的演講，或以工作坊的形式實際設定一些具體的案例，來學習如何面對想要自殺的孩子，給與他們合適的幫助等。

如果自殺事件不幸地發生了，絕對不要對自殺者本人或對周圍的人加以中傷的言辭，不要說自己什麼都不知道，也不要把責任推卸給別人。應該面對現實，把眼前的危機當做一個契機，把它變成今後處理類似問題的方向或活用在以後的機會上。

(六)病情告知與靈性照護

病情告知（informed consent）

最近日本出現會將患者得的是什麼病、接下來要如何進行治療、可能會有什麼狀況發生等與患者溝通的醫師，

其數量也逐漸有增加起來的趨勢。透過病情告知讓患者瞭解真實的情形，是尊重患者的人格和價值，也是患者基本的權利，更是醫療相關人員和患者及患者的家屬溝通時不可或缺的基礎。

informed consent常被翻譯成「說明和同意」，所指的是在醫療的現場，醫師務必向患者說明病情，及接下來該做什麼處置，在取得患者的理解後進行治療。

而患者和家屬這一邊，也不一定要什麼都交給醫師，可以一直詢問到自己認同為止，希望能養成自己去判斷的習慣。今後患者本身也應該具備某種程度的醫學知識，來決定治療自己疾病的方針，這是很重要的。我希望不僅做到「說明和同意」（informed consent），就一個人活著的態度而言，「說明和選擇」（informed choice）也能成為理所當然的事。

在國外，「自己的健康要自己來維持」的觀念，已經成為一般的常識。目前幾乎百分之百的醫師，在告知病情之後才會進行治療。因為在美國如果醫師因疏於向患者告知病情而吃上官司的時候，通常所得到的是很不利的判決。在日本關於醫療過失（誤診或治療的疏失），應該給與更嚴厲的監視才對。

病情告知後的靈性照護

說到spiritual care，一般人會感到很不熟悉，就像前面所說明的 spirituality 一字，又是精神的、也是靈性的意思，包含人內心微妙的感受能力，很不好說明，所以找不到很貼切的日語來翻譯。由於不好翻譯，就直接照原文來使用。

譬如告知患者得了癌症，就像告知他「什麼時候」、「什麼人」、「怎麼樣了」這些資訊是一樣重要的。之後的照護（after care），特別是靈性照護（spiritual care）的這個部分，需要有周到細微的顧慮，傾聽患者各種不安和痛苦、配合對方內心的需求、陪他一起走下去的態度。在歐美大多由神職人員（屬於醫院的神父或牧師）等宗教人士來負責這一部分的工作。

(七)何謂臨終關懷運動

臨終關懷的歷史和推廣

在日本提到臨終關懷，一般人會認為只是迎接死亡的地方，其實不然。臨終關懷運動，主要是針對癌症末期患

者所做的各種支援內容的總稱。所指的是對那些已經沒有治療可能的患者，如何幫助他們在走到人生的終點以前活得更充實、活得更像自己的所有支援活動。

現代的臨終關懷運動開始於十九世紀中葉的愛爾蘭，慈善修道會的修女瑪莉・愛肯黑德（Sister Mary Aikenhead）建立了臨終關懷的住院機構。和這個直接有關的是一九〇六年所建造的倫敦聖約瑟夫臨終關懷機構（St. Joseph Hospice）。十九世紀末，在美國紐約也建造了聖路絲之家（St. Rose Home）及卡爾布萊里臨終關懷機構（Calvay Hospice），成為臨終關懷運動的先驅。目前各院更是蓬勃地展開獨自的關懷活動。

其中由西西里・桑塔斯博士（Dame Cicely Saunder, 1918－）在一九六七年所設立的聖克里斯夫臨終關懷機構（St. Christopher Hospice），可以說是現代臨終關懷機構的模範。在二〇〇〇年時，美國有居家關懷隊三百八十四支之多，為臨終關懷效力的志工已超過三萬人。

一九七〇年代的美國只有三間臨終關懷機構，但到一九八二年已增加到四百多間，二〇〇〇年時已超過了三千七百間之多，其中大都以居家關懷的形態較多。

所謂居家關懷，是指患者不需住院，而在家接受臨終關懷的這種形式。諸如緩和疼痛和各種症狀的控制及處置，都由關懷團隊巡迴來施行。若是獨居的人，絕對不會讓他一個人孤孤單單的，義工人員會輪流在身邊照顧他。

德國的臨終關懷比起其他國家稍嫌晚了一些，不過在二〇〇〇年已有六百多支居家關懷團隊，臨終關懷的義工人數也已達到一萬多人。另外，在最近的趨勢中，很特別的就是在英國非常盛行關懷中心的活動。在十五年前完全沒有為居家關懷的患者設立關懷中心的構想，而在二〇〇〇年時，英國各地已有二百二十多個關懷機構設立，這種關懷中心的三分之二有附設住院設備，其他的三分之一是中心的獨立建築物。

獨居的患者由義工開車把他們送到關懷中心。關懷中心的優點就是可以促進和其他患者的交流。中心裏面有美容院及藝術療法的大小房間和各式各樣的設備，不僅可以享受剪髮和上指甲油等樂趣，而且又可以畫畫、編織或做粘土等，嘗試各種新的挑戰。還有可以做些家鄉菜一飽大家口福的設備，所有的一切都在為幫助患者擴展說話及與別人交流的機會，讓患者能充滿活力和朝氣。

在關懷中心的幾個小時當中，可以增加末期患者彼此之間溝通的機會，幫助他們從孤獨中得到解放，提升生命和生活的品質，並且希望患者能去追求創造性並活出生命的意義來。

現在臨終關懷運動在順應各個區域和國情之下，正在世界各地推廣中。在日本，直到二〇〇〇年二月被承認的緩和療護病房的數目，從北海道至沖繩總共有八十三所，已達到一千五百二十八個床位。（根據《關懷總站》Vol.

11, No.2, 2001，三輪書店所刊之資料。）

關懷團隊和義工的使命

　　臨終關懷最大的特徵，可以說在於關懷團隊的關照。關懷團隊的成員有醫師、護士、護士助手、社會工作人員、營養師、物理治療師、音樂治療師、神父、牧師、志工人員等所構成。在患者所剩不多的時間裏，透過各不同領域專家的幫助，發揮生命的本質，以全人的照顧為目標。

　　臨終關懷中的關懷團隊，主要還是以患者為中心，家人和所有醫療相關人員站在對等的立場上彼此互相支援。例如醫師和護士之間，並不是醫生高高在上，而護士在他下面工作的那種上下臣屬的關係，雖然有很多狀況要聽醫師的指示，但是護士日夜陪在患者身邊，很能把握實際狀況的細節，所以醫師也要重視護士的意見，團隊彼此之間是平等的關係，仔細明白自己所能活動的範圍並彼此互相幫助。當然，患者的家人也是關懷隊的重要成員之一，有時在臨終關懷中，把患者和其家屬當做一個單位來進行關懷的情形也是常見的。

　　關懷團隊中的志工，是不可或缺的。歐美的臨終關懷運動能在這麼短的期間有那麼大的發展，志工是幕後功臣。而說到臨終關懷中志工的工作內容，有一般事務性的

工作，如接聽電話、打掃、整理花木和草坪、買東西、開車及代筆寫信等。當然坐在患者的身旁，慢慢地傾聽他各種煩惱、安慰他，也是志工很重要的工作。不過，這也端看個人特質適不適合做這樣的工作，一般說來，平易近人、很有人情味、親切等是做志工重要的人格要素。

在許多的臨終關懷中，一般期盼「臨終關懷志工」能有如以下幾項人格特質，列舉如下：

1. 是很好的傾聽者，在患者不想說話時，也能靜靜地陪在身旁。
2. 能和患者同樂同悲。
3. 能保密、值得信賴。
4. 沒有偏見、寬容大度。
5. 知道分寸、有朝氣有活力、懂得生活。

　　每年上智大學的公開學習中心都會辦一個「何謂臨終關懷志工」這樣的講座，而由我擔任這個講座的協調負責人。這個講座每次的報名人數都相當多，兩百個名額很快就額滿了。來參加的以二十幾歲的人佔大多數，這幾年退休前後的男性漸漸多了起來。正因為有很多人在無報酬、為別人義務地付出的同時，自己相對地得到了很多，所以他們願意持續去做志工，而且在參加過這個講座以後，實際開始並參與志工活動的人當中，他們告訴我他們得到了生活的意義和喜悅，並將感謝的心聲傳達給我。

(八)安樂死

在日本,關心末期患者的醫療問題,而且希望能在人道尊嚴下迎接死亡的人不斷在增加之中。其中最具代表性的是「日本尊嚴死協會」,他們提倡「維持人性尊嚴之死的權利」(Living Will),對此觀點產生同理心而入會的人數,至二〇〇〇年十二月已達到九萬三千五百二十三人了。

為了保障日本尊嚴死協會所提倡的「維持人性尊嚴之死的權利」,如果知道自己現在得的病是目前的醫學所無法醫治的,可以拒絕接受那種只是將死期延長的維持生命的治療,並可以在表達自己個人意志的宣誓卡上簽名,這些可以在醫療的範圍內實行。

關於這個尊嚴死的宣誓卡,它的正當性已得到日本醫師會和日本學術會議的認可,而且有百分之九十六以上的醫師也說,在向尊嚴死協會的遺族們所做的問卷調查中,大多數的人對尊嚴死的意義已有正確的認識,而且知道如何去處理。

安樂死和尊嚴死常被混在一起使用,不過我認為尊嚴死比安樂死的意義更廣,它應該是指「洋溢著尊嚴而迎接死亡的一種方式」。

至於安樂死則被定義在「在臨點關懷時，對接近死期的患者，他的死是藉著他人的行為（包含什麼都不做）而導致的稱之安樂死」。以倫理的立場來評價安樂死時，又必須區分成積極的安樂死和消極的安樂死兩種。

　　積極的安樂死，是以提早結束患者生命為直接目的所做的醫學上的處置，這和殺人是同等意義，在倫理上是絕對不被允許的行為。

　　至於消極的安樂死所指的是，為延長生命所做的人工的特別醫學處置（如使用人工心肺、氧氣罩等），在預測的過程中使其停止，或一開始就不使用，自然而然地迎接死亡。對於已無治療可能的患者，不勉強給與伴隨著痛苦的延命裝置，而提供有人道的尊嚴，能夠平安地走向人生的終點，這種消極的安樂死，在倫理上是被認可的。

　　我常聽到許多國家的臨終關懷機構的醫師們說道：「如果患者要求做積極的安樂死的話，那表示我們所做的緩和疼痛及緩和症狀的照護不夠好，才會讓患者不選擇活到最後一口氣，而選擇死這條路。」

　　的確，配合患者的症狀適當地使用止痛劑的話，至少可以消除患者百分之九十的肉體的疼痛。當然緩和疼痛的程度會有個人差異，但若能將患者從疼痛的恐懼、孤獨及不安當中解放出來，能讓他瞭解身為一個人仍然可以保有的尊嚴，那麼就算是末期的患者，也不會去要求做積極的安樂死了吧！

(九)器官捐贈的觀點

今天這個時代，從腎臟到許多臟器的移植都是可能的，只是腦死的判定基準要如何定位，還是備受爭論。我所做的「為死所做的準備教育」還有一個重大的使命，那就是要更加宣導死後將自己的器官捐贈給需要的人，幫助他人減輕痛苦。

當家族中的成員呈腦死狀態時，他的心臟仍持續在跳動，他的身體還有體溫，就這樣判定心愛的人是死亡狀態，而同意取出他的器官，對許多人來說，是很難做到的。所以在彼此都還是健康的狀態下，就對捐贈器官有深入的認識，在各人的捐贈卡上明確地註明，也與家人事先確認有這一回事，這種紮實的啟蒙運動的普及，是不可缺少的。

十幾年前，我自己也登錄了眼角膜和腎臟的捐贈手續。因為我在特別研習休假的一個假期中，有機會回到故鄉德國，當時我哥哥的女兒還是小學生，卻罹患腎臟病，每週三次，每次三小時去洗腎，並等待有人捐贈腎臟。我看到這種情形，便積極地投入器官捐贈者登錄的行列。

之後我的姪女得到因車禍而腦死的一位年輕荷蘭女性的腎臟並順利移植成功。現在她已結婚並且很健康地工作

著，我們家族都對那位女士表示由衷的感謝，雖不能直接傳達到捐贈者的耳中，但卻因著捐贈者的遺志，提供了需要的人器官，幫助他人恢復視力、重見光明，或重新獲得健康。這對身為人類共同體的一員來說，可不是至高無上的喜悅嗎？

此後，我就鼓吹來修「死亡哲學」課的學生也登錄器官的捐贈。大多數的學生都很單純地贊成我的建議，然而卻因父母親的反對而作罷。所以我認為器官的捐贈，需要家人之間更多冷靜的溝通。

目前日本等待腎臟移植的人約有十四萬人之多，但是器官捐贈者的人數卻是極端的不足。那些持續在洗腎並等待腎臟移植的人，如何幫助他們早一天從痛苦和桎梏中得到解放，讓他們能和一般人一樣過著正常的生活，正確地去傳達這個事實，我想也是我的「為死所做的準備教育」中的一大重要使命。

(十)葬禮──讓孩子參加的意義

葬禮是生者能以正式公開的場合告別死者的一個重要儀式。對遺族來說，與往生的人之間的感情，不是那麼簡單就可以消去的，透過葬禮這樣的形式，可以幫助生者接受某種程度的現實面。

同樣地，讓孩子參加葬禮，也可以在孩子往後的人生當中，在排解自己本身一些悲傷的過程裏，帶給他們正面的影響。具體的例子將在第三章詳述。藉著葬禮這種眼睛可見的形式，對孩子對大人都可以做到最後的告別這種現實的體認，也可以坦率地表達內心的悲傷。另外，對陷入悲傷情緒的孩子而言，他能夠發現不是只有自己感到孤獨，在葬禮中他可以確認自己也是家族中的一員，可以和大人們一起分享感情，這是一個不可多得的機會。

(土)鼓勵幽默教育

在我的「為死所做的準備教育」中，一定會陳述幽默和歡笑的重要性。如果說有人認為「生與死的教育」是不可以發出任何一點笑聲的那種嚴肅氣氛的話，那就大錯特錯了，因為我們在死去的瞬間之前是活著的，我們豈不應該歡笑洋溢地度過每一天嗎？

幽默的效用

幽默（humour）一字的語源，原是拉丁文中表示液體的一個字（humor），以前把人類身體中所含有的液體叫做humores（humor的複數）。中世紀時的醫學家們認為，

這個 humor 是生命的本質，藉著這個液體的流動帶給人體活力、補足人類的創造力。

但是隨著時代的演進、文明的發展，漸漸地 humour 本來的意思日趨式微，竟被視為可有可無的存在了。我想這也和現代社會的各種問題有密切的關連。或許是因為我們過度認真嚴肅地思考事物，徒然增加了一些無謂的壓力的原因吧！

在德文中，把過度認真用「動物的認真」（tierischer Ernst）一字來形容。換句話說，愈是有豐富的幽默感愈像人。此外，也有人說，人類是唯一能夠笑的生物，所以我們豈不該感恩、並善用這唯一賜給人類的幽默和笑的能力嗎？

再說，幽默和笑對維持健康也有很大的幫助。在美國所做的實驗中，把老鼠放在一個多噪音而且不舒服的環境中飼養，百分之九十的老鼠會罹患癌症；相對的，總是被擺在播放輕快音樂的良好環境中的老鼠，罹患癌症的比例，據說只有百分之七。動物對環境中的壓力會立刻產生反應，而且多發生病變，而我們人類，如果以幽默感做為緩和壓力的方法的話，即使在很惡劣的環境中，也能順利地做好健康管理才是。

我常覺得學校發生欺負弱小、家庭發生暴力事件的主要原因之一，是因為整個社會都太認真嚴肅了，以致於處於一種緊張的氣氛之中。家庭或學校，似乎把幽默和笑看

成是一種很不認真的態度，對正在成長中的孩子們，這個也不行，那個也不可以地加以束縛，沒有給他們一個宣洩的管道，壓力累積過多，只會讓他們不知在什麼情況下爆發而已。

如果家長和教師在精神上有更寬裕的空間，有些摩擦可能就不會發生。孩子們對大人情緒的異動常會有很敏銳的反應，若能在他們要爆發的時候，以幽默和笑來做安全栓的話，一定可以發揮很大的功能。這一點在預防醫學上，也被認為是很有效的。

為建立人與人之間的交流

幽默和笑不僅可以緩和患者對死亡所造成的恐懼和不安，趨向正常的狀態，而且在緩和身心整體的緊張上，也有很大的幫助。常聽人說，一到醫生面前就開始緊張，血壓也立刻上升，如果醫療相關人員能以充滿幽默且輕鬆的態度與患者接觸的話，我想在消除壓力上是一帖良藥。

當患者感覺「是不是死神已找上我了」，通常他們都會被一股「為什麼是現在…」、「那我…」那種強烈的憤怒的情緒和敵意所包圍，而首當其衝的，往往是身旁的醫生和護士。這時擔任關懷的人盡可能努力地做到不受患者態度的影響，盡量以溫和及幽默來應對。安定患者的情緒，幽默是最好的安定劑。

譬如在臨終關懷時，幽默和笑也許會成為患者成長的良好刺激。因為即將面臨死亡的患者，通常都變得被動無望，常會陷入一種無能為力，任憑命運擺佈的無助裏。然而，人的肉體雖會漸漸衰微，精神的層面卻隱藏著極大的潛能，一直到最後都會不斷成長。有很多人此時徹悟到自己生命所剩不多，在生命終了之前，以最高的自我實現為目標，盡其所能地發揮他生命的創造力。

　　我的論點是，即使是人生走到了這個最後的階段，幽默和笑還是能激勵人想要創造無限、帶給人豐盛的能量的。

　　另一方面，幽默和笑也是形成一個共同體的原動力。在我們日常生活的人際溝通當中，有百分之八十是透過聲音的音調和表情，以及舉止和態度建立的，有時就算沒有語言的互通，藉著會心的點頭和微笑，也能製造出無言的交流。

　　幽默有使人融洽結合在一起的功能。例如在說書的戲場裏，聽到像相聲那樣的「落語」，和身旁完全不認識的人一起發出笑聲，便能感受到一種連帶一體的感覺。但是在擁擠的電車裏，即使和許多人並肩而坐，那種共同體的感覺就無法成立。所以在大家一起笑的當中，即使和完全不認識的人也會產生一股親近感，自然而然地形成一個共同體。（譯者註：「落語」是日本大眾表演藝術之一，是獨特的說話藝術，以滑稽、詼諧為主要表達方式。）

在日本，玩笑和幽默常被混為一談，這實在有清楚劃分的必要。玩笑是指巧妙地運用語言，關係到時機的恰當與否，是機智的技巧。而幽默則是在人與人的交流中產生出來的。我一直都認為幽默是對對方的一種體貼——這是幽默的出發點。

好比說，我們中間有一個人生氣了，氣氛一下子就會變得緊張起來，而要一邊笑又一邊發脾氣，那是絕對不可能的。我們每個人所期待的是一個壓力少而溫馨的環境，所以無論在任何狀況，稍微轉換一下看法，用一個第三者的立場，客觀地來看自己和周圍的人，這種態度是很重要的。這種幽默的氣質，有很多人誤解，認為那是與生俱來的，就我個人的經驗來說，真正的幽默，常是透過失敗的累積所產生出來的。

在我的祖國德國，有句名言是這麼說的：「雖然我現在很痛苦，但為了體貼對方，我仍然要以笑臉來迎向他」，我想這就是意義深遠的幽默吧！

謙虛地接受原原本本的自己時，幽默感也將發揮它重要的任務。隨著年歲的增長，我們每一個人都會戴上各式各樣的面具，盡可能讓別人看到最好的一面。這時幽默和笑，可以讓我們摘下給人看的面具，毫不猶豫地承認自己最真實的一面。

要很坦率地承認自己的不是，確實需要極大的勇氣，但若是一直在意別人的眼光的話，並不能營造良好的人際

關係。每一個人都有不得已的過失和失敗，這時學會和周遭的人一起對自己的失敗一笑置之，那種自我諷刺的幽默感是非常重要的。

結論是，幽默和笑是一個人活著的過程裏，所有的生活層面中不可缺少的要素。我們應該積極地行動，和周遭的人一起思考如何在每天的生活中運用這個幽默感。

㈢由哲學和宗教的立場考察死後的種種

透過人類史上所有的民族、文化和各個時代，人死後生命仍然存在的說法，已廣被大家所相信。幾乎所有的宗教都談到死後的世界，而世界各地所舉行的對死者的儀式中，也都強調來世的存在。對死後抱持著強烈的好奇是人類共同的趨向，對來世的這種信仰更是深植在每個人的人性中。

以哲學史上力說靈魂不滅的蘇格拉底（Socrates）和柏拉圖（Plato）為首，後有推論有永遠生命存在的康德（Kant），以及之後確信心愛的人不死的布里耶魯‧馬賽爾（Gabriel Marcel）等等，對於死後的議論已有很久的傳統。當然，對死後生命的解釋，各個不同的宗教有其不同的論調，有一些宗教，如佛教和基督教，關於死的教導均涵蓋在其教義的中心思想裏。

而「為死所做的準備教育」絕不是用某一個哲學理論或宗教觀來強迫人接受死的解釋，最後還是要人們自己自由地去考察各種死生觀，進而探求自己的死之意義所在，形成每個人獨特的素養和見解。我再次強調，對死亡意義的探求，其實就是對更有意義之生之探求。

三、悲傷教育的必要性

　　人的一生可以說是相聚和離別的連續。我們在與他人的相聚之中形成自己，而且又因自己的一部分活在心愛的人心中，所以在相聚所帶來的喜悅之後，隨之而來的離別就好像自己的某個部分死去了一般。然而藉著這小小的死，使一個新的自己又誕生了，我想這是離別所具有的積極意義。

　　當所愛的人遭逢死亡、或是死亡變得可預見時，被留下的人一定會經驗到一連串稱做「悲傷的過程」（grief process）的情緒反應。任何人，誰都無法逃避那種喪失某種重大事物的經驗所伴隨而來的悲傷，這就是我們要學習的「悲傷教育」（grief education）。

　　因為喪失所愛的人所帶來的失意與悲傷，自古以來以「心碎」（broken heart）一字來表達。前面曾提到的，在聖克里斯多夫臨終關懷機構（St. Christopher Hospice）中

擔任顧問，而且專門研究悲傷的生死學學者克林（Co-lin）、馬萊（Murrey）、帕克斯（Parkes）等人，根據他們在一九六三年，針對約四千五百名五十四歲以上喪偶的英國男性所做的研究報告中顯示，他們在妻子死亡後的六個月內死去的死亡率，比起同年的已婚男性高出百分之四十八，而且四分之三的死亡原因是心臟病。

尤其是近幾年來，特別注意男性的悲傷（male grief）的研究人員也在逐漸增加中。在英國、德國、日本等國，男子在人前落淚被認為是很丟臉的事，受到這種傳統觀念的束縛而壓抑自己感情的人，依然還有很多。壓抑而累積的煩悶和壓力若不去抒解，也許就會造成相當嚴重的後果。

所以讓悲傷的感情更自由、更直接地發散出來才是明智之舉，若一味地壓抑的話，崩堤而出的感情將會導致精神失去平衡，造成積極地悲傷、擷取重要課題的路被封閉住，這就是造成各種精神疾病的主要原因。

連莎士比亞（Shakespeare）也在他的《馬克白》（Macbeth）中說到：「要發出聲音悲傷！什麼都不說一味地悲傷，只會讓你的心更緊繃，不知不覺中讓心破碎而已。」

當我們的身體出現某些症狀時，我們會花很多的時間和金錢去治療，但在預防的這個階段，卻比較不會去關心。要是你瞭解，因失落的體驗所帶來的悲傷，是導致許

多危險疾病的原因，而且可能性還很高，我想你會更重視悲傷的過程的。如果將現今不斷在升高的醫療費，挪取其中的百分之一，用在「為死所做的準備教育」和其中重要一環的悲嘆教育上的話，我想應該會大幅地節約醫療費才是。

　　誠如每個人的人生都不相同，失落的體驗和隨之而來的悲傷過程也是多樣化的，但是我們都是人，雖然風俗、習慣、語言等不同，內心的種種動態仍有共通的地方。

　　我在德國、美國和日本從事和末期患者、其家屬，及患者過逝後的遺族們的諮商的工作，從這些經驗中，我分析「悲傷的過程」有十二個階段。關於悲傷過程分類有許多的學說，在此我依照自己的分法，針對典型的悲傷過程加以詳述如下：

悲傷過程的十二個階段

1.震驚與麻木（shock and numbness）

　　面對心愛的人死亡的衝擊，一時間對現實的感覺呈現一種麻痺的狀態。可以把它想做是人的一種防衛機制，但如果停留在這個階段過久的話，對健康是不利的。

2.否認（denial）

　　理性上拒絕接受對方死去的事實。

3.混亂（panic）

面對至親的人死亡，從恐懼陷入極度的混亂狀態，不僅失去專注的注意力，而且日常生活也出現問題。早日脫離這樣的狀態，而且防範混亂狀態於未然，也是悲傷教育的重要目標之一。

4.憤怒和深覺不公平（anger and the feeling injustice）

自己沒有做什麼壞事，為什麼要受到這樣痛苦的折磨？從認為不公平的那種負面的情緒轉變成強烈的憤怒。尤其是因意外事故或急病突然死去的時候，"被丟下"的遺族特別會有這種激烈的憤怒。如果礙於文化或社會的關係，發洩出來的管道被限制的話，憤怒有時就會轉向自己本身。若是自己的憤怒和身心的衰弱重疊在一起的話，那將成為更重大的打擊。

5.敵意和懷恨（hostility and resentment）

對周圍的人或死去的人抱持著敵意或懷恨這樣的形式，發洩他們莫名的情緒。如果是因死者自己的不小心或不注意健康而導致死亡這樣直接或間接的原因，常會以一種敵意責備死者的不負責任。

6.罪惡感（guilt feeling）

悲傷行為的代表性反應，就是懊悔過去所做的，以及責備自己。那時如果那麼做就好了，或是相反的，那時如果不這樣就好了等等，受到種種懊惱悔恨所折磨。這也是情緒的一種補償作用。

7. 形成空想和幻覺
(fantasy formation, hallucination)

在空想中一直認為死去的人還活著，在每天的生活中也當死者還活著一樣。例如死於車禍的兒子的房間，做母親的仍保留原來的樣子，床上還擺著他的睡衣，每天等著兒子回家。

8. 孤獨感和憂鬱 (loneliness and depression)

這是正常的悲傷過程之一，需要自己努力快點超脫，也需要周圍的人的幫助。

9. 精神的混亂和凡事不關心
(disorientation and apathy)

每天的生活失去了目標，感到空虛，不知道自己該怎麼辦才好，對所有的事都漠不關心起來。

10. 絕望——接受 (resignation-acceptance)

本來日語中「絕望」一字，有「搞清楚，弄明白」之意。到了這個階段已經可以清楚看見自己所面臨的狀況，對所愛的人已不活在這個世上的這個痛苦的現實開始，想拿出勇氣開始努力地去面對、去接受。並不是消極地把自己交給命運，而是積極地接受現實的舉動。

11. 新的希望——重新發現幽默和笑
(new hope-rediscovery of humor and laughter)

幽默和笑是健康的生活中不可缺少的要素，它們的展現是這個人想要突破悲傷過程的一個象徵。

12.重新站起來的階段 —— 新的自我的誕生

(recovery-gaining a new identity)

經過了充滿苦惱的悲傷過程之後，重新獲得一個嶄新的自我，從很多人身上可以看到人格上更成熟的表現。

當然並非所有經驗過這種失落悲傷的人，一定就會經過這些階段，而且也不見得是按照我所列舉的過程逐一地經歷。有的人是好幾個階段重疊一起，也有的人又會回到他已經歷過的階段，走回頭路的。大致上要重新站立起來，至少要花一年左右的時間。不過如果在某一個階段停留太久的話，那就需要專門的醫生或諮商人員的診斷治療了。所以如果我們瞭解悲傷的過程有這麼多階段，那麼對周遭有這樣遭遇的人，適當的伸出援手，應該會是很有幫助的。

很多人對死所帶來的失落體驗或悲傷，都只認為是消極的、否定的，但是就像弗洛依德所提出的「悲傷的工作」（trauerarbeit）的概念那樣，這樣的經驗是人生的一件大事，不是很快就可以解決掉的。的確，悲劇性的體驗，會剝奪人生的希望和喜悅，甚至把一個人的餘生封閉在惱恨之中，但若相反地以積極的行動來活用並創造這個悲傷的體驗，讓一個人可以和他人分享苦惱、有更豐盛的生命的成長也是大有可能的。

日語中的「出會う」（與人見面、碰面）一字的語意深深吸引著我。就像這個字的組合一樣，「出去」、「見

面」，走出自己的殼，打開自己的心門與別人的心見面，一鼓作氣積極地踏出第一步，有一天或許會慢慢發現，痛苦的不是只有自己一個人，而可以把自己失落的苦惱與許多人分享，成為普遍的經驗。能夠給有同樣苦惱的人關懷與體貼，那就表示已從狹隘的自我束縛中得到解放，朝更成熟的方向成長了。

美國的作家威爾·杜蘭多（Will Durant），遺留下許多文化史及哲學類的著作，他把悲傷過程用一句意味深長的話表達出來，「受過極大痛苦的人，他只有變得更仇恨，或是變得更溫柔而已。」悲傷過程之後會帶來什麼？端看被留下的那個人如何來面對自己的人生，其結果將是大不相同的。

第二章

國外的具體實例

「為死所做的準備教育」除了是生涯教育的範疇，更需要針對所有年齡層發展出一套適合各年齡的教育方法。雖然日本對這項教育的關心程度，年年有增加之趨勢，但尚未納入正規的課程之中。

　　本章介紹各國在這方面的教育著手進行的狀況。首先詳細說明德國針對中學生及高中生所做的「為死所做的準備教育」教科書的內容等，緊接著也對美國、英國、澳洲和瑞典等國實行悲傷教育的狀況加以敘述。

一、德國 —— 由教科書看「為死所做的準備教育」

　　德國透過許多基督教教會的例行活動，已經歷好幾個世紀「為死所做的準備教育」的傳統。藝術方面如音樂、美術、文學當中，死被當做一個很重要的主題，反覆不斷地被採用。尤其是音樂，從莫札特（Mozart）、布拉姆斯（Brahms）為死者所做的彌撒曲，到舒茲（Schutz）、巴哈（Bach）的「馬太受難曲」等等，以死為構想的作品，色彩濃厚地點綴在德國國民的文化環境中。

　　即使如此，德國在進入二十世紀後，對死的忌諱也瀰漫開來，原本死是藝術上主要表達的主題，卻變成學問研究探討的對象，而具體的「為死所做的準備教育」的使

命，幾乎都淡薄了，直到一九七〇年代後半才正視這個趨勢的演變。

　　死被禁錮在醫院密室的同時，在家中陪伴親人死去的機會失去了，自然地「為死所做的準備教育」的地點也沒有了。於是學校課程中「為死所做的準備教育」的重要性重新被肯定，而針對中學生和高中生的優良教科書也陸續出版。

　　德國國立和公立的中學及高中，每週都有兩小時的宗教課程，這並不是強迫的，如果家長不希望孩子上這樣的課程，可以不用上，而且十四歲以上的學生依自己的判斷，可以不選這個課程。不過幾乎所有的學生都出席，大部分學校的宗教課程分成天主教和基督教來實施。

　　「為死所做的準備教育」被放在宗教課程中進行。宗教課程在相當於從日本的小學一年級到高中三年級再多加一年（即高中四年）這樣的階段內一貫地來實施，順應學生成長的各階段，有充分的時間和機會就「死」這個主題，從各個不同的角度來切入，教材由任課老師自行決定。

　　我收集並分析了德國的「為死所做的準備教育」教科書將近二十幾本，這些教科書並不是從特定某個宗教的立場來闡述，而是把「死」這個主題由哲學、醫學、心理學、歷史、文學、比較宗教學等跨學際的探討來讓學生自由地去思考。畢竟這個宗教課程是以促進學生獨立的思考

為主，而不是要強加給學生某種特定的生死觀。

下面介紹的是中學生「為死所做的準備教育」教科書的兩大內容。

(一)《死亡和瀕死的過程》（ "Sterben und Tod"）

這是一套叫做《價值和規範》（Werte und Normen）的教科書系列的第九卷，於一九八一年出版，A4版，共八十一頁的教科書。就像這套書的抬頭所顯示的，有關死的種種問題，首先從倫理的觀點及價值觀的層面來論述。

內容方面，先由與死相關而得討論的問題開始，接著是提示實際上課時，老師的使命任務和學生小組學習的重要性，另外還指出了以下五項主題：

1. 死和葬禮

書中提供了人類史上埋葬死者的豐富資料，以及各種文化和宗教中具體的埋葬方法和墓地，並列舉了考察性的材料做為葬禮時的建議。

2. 青少年的自殺

這一章中，首先舉出青少年自殺的具體事件和案例，並說明其原因和動機。接下來詳細介紹如何防止自殺，並登載德國所有城市中為想要自殺的人設立的諮商處的地址，以及全德國「生命線」的電話號碼。這一章主要希望

提高學生們對問題的意識，給與學生防止自殺的重要建議。

3.符合人道的死法──有關倫理的問題

根據幾個實際的例子，討論人工延命、積極安樂死，以及消極安樂死的問題。這一章的重點不只在狹隘的觀點上討論延長生命的是與非，而是患者如何在人生的最後階段活得像一個人，還有我們能為患者做些什麼，從比較寬廣的角度來看問題。

另外，還藉著實際的例子說明，重新評估與其在醫院迎接死亡，不如以「在自己的家中和熟悉的環境中壽終正寢」來取代，並介紹了臨終關懷的意義。

4.對生命的威脅──與死的對決

書中一開始就把生命的結束分為「不可迴避的死」，及藉著適當的努力和注意的「可迴避的死」這兩種不同的意義。至於人為而威脅到生命的安危的，還有戰爭、民族間的紛爭及宗教的對立所引起的殺戮與飢餓，及核能事件所造成的環境污染、人為的（汽車等所引起的）空氣污染等，另外還有職場上因採用致癌物質所引發的職業病，其他如交通事故、毒品等的濫用也都舉例陳述在本章節中，並登載了這一類事件的詳細統計和照片。

接下來介紹的是如何與這些威脅到生命的事件抗爭和奮鬥的具體事例。譬如「人權擁護運動的國際民間組織」（Ammesty International）的活動狀況、未成年毒品患者的

保護，以及對環境污染所引發的危險的預防，並列舉「危
險科學藥品取締法」為一個有效的方法。

在本章的最後還特別強調，為防止將來可能發生的戰
爭，具體的方法就是推廣學校中的和平教育，並大力說明
它的重要性。

5.死的解釋

在最後一章中探討古今東西的哲學和宗教，他們對死
的意義是如何解釋的，而且對死後生命的可能性又是如何
去領會的，其中所介紹的模式有以下基本的六項，茲列出
以供參考。

(1)「活著的屍體」的想法

在幾個原始的宗教中認為，人死後是和死的時候一樣
持續地活著的。

(2)輪迴的思想

這裏引用了古代印度的敘事詩〈馬哈巴拉達〉（Maha-
barat）中的一段，來敘述解釋印度的輪迴思想。

(3)祝祭的死 —— 靈魂的解放

從柏拉圖的《派頓》（Phaidor）中，引用了一段即將
接受刑處的索克拉帖斯的話。柏拉圖認為，死不過是從肉
體的牢獄中讓靈魂得到解脫罷了。

(4)無有的死

這裏用了古希臘哲人伊比鳩魯（Epicurus，紀元前
341～271）的話，「所以死這最可怕的災難，對我們來說

就等於無有一般，因為我們活著的時候，死是不存在的，而當死來臨時，我們已不存在了」，他的論點是，死不過是一個不值得注意的現象而已。（校閱者註：出自伊比鳩魯〈致美諾冠的信〉「一切惡中最可怕的——死亡，對我們是無足輕重的，因為當我們存在時，死亡對於我們還沒有來，而當死亡時，我們已不存在了。因此死對生者和死者都不相干，因為對生者來說，死是不存在的，而死者則本身就不存在了。」）

(5)恐懼的死

這裏所舉的解釋是《舊約聖經》〈約伯記〉的一段章節：「人為婦人所生，日子短少，多有患難，出來如花，又被割下，飛去如影，不能存留。」（〈約伯記〉十四章1～2節）

(6)復活的希望

這裏所揭示的是基督教中有關復活與天國裏永遠生命的教導，介紹福音是人類的希望。「在亞當裏眾人都死了，同樣地，在基督裏眾人也都要復活。」（〈哥林多前書〉十五章22節）

根據基督教的教義，人死後將會復活，肉體與靈魂都具備的人將永遠存在。關於這一點，與前面所提柏拉圖所說的希臘哲學中對死的解釋不同，因為柏拉圖只承認靈魂的不死而已。

除此之外也介紹了猶太教、回教和馬克斯主義等的生

死觀,還讓學生參觀墓地、研究墓誌銘,並讓他們收集報紙上死亡的廣告,要他們分析那些字句如何呈現死亡這個概念,並列有這一類的習題要學生做。

　　這本教科書並不是要強加給學生特定的死亡的解釋,而是積極地介紹有關死亡的各種解釋,並把重點放在如何引導學生自己自由地去選擇。

(二)《臨終－死－復活》 ("Sterben-Tod-Auferstehung")

　　這是由六十頁的讀本、四十一頁的附錄以及五十九頁的副讀本所組合成的一本書,一九八五年出版。整本書以十七個小時的課為安排,並以對死亡的援助(七小時)、現代的死與臨終(七小時)和基督徒超脫死亡的枷鎖,期待復活的生命(三小時)這三大主題所構成。教師用書時,每一小時的課由以下三個要素所組合而成:

　　1.**方法論和教學法**──建議教師在該堂課中該如何具體地展開課程。

　　2.**上課的目標**──在該堂課中設定值得探索的目標三至六項。

　　3.**課程的進行**──指出每堂課中有一至三個階段,並提示各階段中該採用什麼內容。這種明確且具體的指示,對老師來說的確可以增加許多授課的信心。以下就十七個小

時所採用的內容簡單介紹如下：

• 有關對死亡的援助的諸項問題

第一堂課　「協助死亡的倫理爭議——安樂死的兩個案例」

第二堂課　「協助死亡的倫理爭議——拒絕安樂死」

第三堂課　「由教會和醫學的領域來看安樂死的意義」

第四堂課　「特殊的案例——將意識已呈喪失狀態的人交給死亡」（這裏所舉的案例是一九七五已變成植物人的女兒，是否該拿掉她的呼吸器裝置，而在法律訴訟上引起很大爭議的美國卡蓮・安・克萊的事例。）

第五堂課　「該怎麼做才能活得有人的尊嚴？」（這裏強調要尊重身心障礙者的生命。）

第六堂課　「歷史上的特殊案例——納粹的『精神障礙者』的根絕運動（這裏敘述第二次世界大戰期間，納粹所實施的「安樂死」的史實）。」

第七堂課　「患者的權利與患者的決定」（這裏明確指出末期患者的尊嚴和權利。）

• 現代社會中的死和臨終

第八堂課　「各種死法之探討」（對於死的考察不以禁忌視之，而以多種解釋來說明。在副讀本中還刊載了以

死為主題的許多美術作品。）

　　第九堂課　「在講求功績的社會中壓抑死亡」（藉由探尋墓碑之變遷，瞭解歷史上各個時代中對死的一些不同的看法，促進學生對死有更深入的考察。）

　　第十堂課　「人道的死與非人道的死」（副讀本中有兩個實例提供學生思考。）

　　第十一堂課　「如何幫助走向死亡的患者——範例：倫敦聖克里斯多福臨終關懷機構」〔讓學生觀看介紹倫敦聖克里斯多福臨終關懷機構的錄影帶（長約三十分鐘）之後，解說臨終關懷機構所扮演的積極角色。〕

　　第十二堂課　「生死學研究的成果——庫柏勒‧羅絲博士」（介紹研究生死學的先驅，庫柏勒‧羅絲博士的多項研究。參照第一章第二節。）

　　第十三堂課　「苦痛和同理心之考察 I」（介紹苦痛的各種類型及其克服之道，同時也讓學生思考苦痛所包含的積極的意義。）

　　第十四堂課　「苦痛和同理心之考察 II」（積極地讓學生體會給與處於苦痛中的人同理心的態度。耶穌基督和基督教特別重視這種與哀傷的人同哭同悲的同理心態度。）

• 基督徒勝過死亡的捆綁，期待復活的生命

第十五堂課　「瀕死的體驗與死後生命的探討」（這裏介紹醫學、哲學博士雷蒙多‧A‧姆第‧Jr（Reymond Moody）的《窺視死後的世界》（校閱者註《On Life after Death》，方智出版社譯為《來生》）一書（評論社出版，一九七七年）。這本書裏刊載了多位在臨床上已被宣告死亡的人之後又甦醒過來的經驗談。這些介紹是要幫助並緩和對死抱有極端恐懼的人的情緒。）

第十六堂課　「基督徒超越死亡的枷鎖，期待復活的生命」（從聖經多處引用基督教中對死後生命在天國的景象和希望，並以圖畫描繪介紹。）

第十七堂課　「為要生不可不知死」（在這最後一章中力求說明，之所以提出這麼多有關死的問題，是為了要活得更像一個人、活得更好的緣故。）

結尾中有這麼一段話——「死的探求是為了更豐盛的生的緣故。」

以上所敘述的是德國針對中學生所做的「為死所做的準備教育」，以教科書為中心所做的介紹。或許這麼一看，會感覺到這是相當艱難的學習計畫，不過就像前面所說的，這些學習計畫是從小學（六年）至中學（三年）乃至高中（四年）總共十三年所設計的，按照各年齡層的需要，慢慢地、紮實地實施「為死所做的準備教育」而有的

架構。

　　我想不久的將來，日本也會製作「為死所做的準備教育」的教科書，屆時勢必要參考已實施多年的其他國家的教科書。不過，這裏所介紹的教科書和一些實例，畢竟都是和德國人的生活息息相關的事情，不能就這樣全盤參考。希望日本能一方面擷取各國教科書的優點，一方面選擇在日本文化、社會風俗、藝術、文學、日常生活等當中有用的素材以及具體的實例，重新組合成適合日本社會需求的教科書與內容，這是我深切的盼望。

二、美國

(一)明尼蘇達州的「悲傷教育」

　　我在一九九五年有幸得到一個機會，得以視察並研究美國、英國、澳洲等國針對孩童所做的悲傷教育和悲傷諮商的實際狀況。當然各國因著國情之不同，方法也大異其趣，但孩童是未來是各國棟樑，如何幫助他們從喪失的遭遇和悲痛中重新站起來，以及該怎麼做才是好的，各國的大人都非常認真積極地思考。

　　孩童們的悲傷過程，會因和自己關係的不同如父母、兄弟姊妹、祖父母的死亡，以及失落體驗的不同而呈現各

種不同的過程。特別是年齡層低的孩童，往往會因經歷失落體驗的年齡不同而在反應上有微妙的差異，這一點大人必須明白。

在此介紹美國的兩個地方，首先是明尼蘇達州的悲傷教育和悲傷諮商的實例。在此把曾有失落體驗的孩子分成五歲到八歲、九歲到十三歲、十四歲到十七歲三個小組。

每小組各參加八次的課程，每週在特定一天的下午三點半到五點共七次，也就是七週的時間只有孩童分齡集合在房間，最後的第八週各自和自己的父母親或親戚們彼此對話。在只有孩童們的聚集裏，每個房間各有受過悲傷教育的志工男女兩人（又叫做助言者）陪同他們。助言者（Facilitator）的年齡大多和孩童們的父母相仿，這是考慮到孩童會感到安心，比較容易打開心門交談。

八次課程的內容

第一週　每一個人先自我介紹，然後敘述失去了哪位親人。之後是討論，彼此互相詢問一些自己不太懂的問題。年齡層最小的五歲到八歲的那一組，要他們把自己的體驗用畫表達出來，然後就圖畫的內容來討論。

第二週　從這週起由助言者配合各個年齡層的孩童，向他們詳細說明，每個人在經驗死別的體驗後，一定會經歷的悲傷過程，以及當自己所愛的人死亡時，會有哪些情

緒上的變化等問題。

第三週　在聚會時，盡可能要孩童具體地口述死去的親人是個怎麼樣的人、他有什麼興趣，以及他是個什麼樣個性的人等。

第四週　這堂課中要孩童把死去的親人所擁有過的東西拿來，可能是照片或書籍之類的，各種東西都可以，拿來讓小組的其他成員看，並彼此訴說與逝去的親人間有哪些快樂的回憶等。藉著這樣的分享，讓孩童們彼此對話，學習自己和已不在人世的親人之間，今後要如何持續彼此間的關係。

第五週　討論葬禮時的一些事。在教會和學校發生了什麼事？哪些事做得不錯？自己藉由什麼得到幫助？在一些場合裏，有些事令人不愉快，或受一些批判一定是有的，提供這樣的場所，盡量讓孩童自由地發表也是很重要的。

第六週　實地參觀殯儀館。在日本幾乎不會這麼做，不過在美國，常舉辦讓孩童參觀殯儀館的活動。不僅接受葬儀業者對葬禮的做法等說明，也可以提出一些平時對葬禮或埋葬等方面感到疑惑的問題。國外的葬儀業者對悲傷的確有深入的研究，一般的水準都相當高。我每年都參加美國與生死學有關的學會，其中有許多發表論文的是葬儀業者，澳洲的情形也是一樣。身為悲傷專家，他們擁有很高的評價，在一般社會中，充分發揮了悲傷教育者的角色

與使命。孩童們透過實地參觀殯儀館，可以接觸到悲傷教育實際的一面。

第七週　是孩童們彼此聚集的最後一堂課。在這個時間裏要孩童們發表自己的感想。在這七週當中學到了什麼？這些課程讓自己有了什麼改變？今後自己要怎麼活下去？藉著在這段期間所學到的東西，今後要如何去幫助在悲傷中的孩子等等。在美國，常指導孩童學習盡量站在社會的角度，讓他們去思考一些社會問題，也就是說，不是只有自己重新站起來就好了，而是將自己痛苦的經驗積極地化為幫助別人的力量，這時該怎麼做才好？讓孩童自己去思考。譬如十歲的孩子，父母死於車禍，那麼要如何與這位喪失父母的孩子對話才好？要如何來扶持別人度過痛苦的境遇，讓孩童自己去整理自己的經驗這一點，使我深受感動。

第八週　被遺留下來的父親或母親，及孩童的家人們也一起來參加。在接受七週的悲傷教育後，孩子們有哪些改變？又是如何逐步地重新站立起來的？當然要完全重新站起來還需要花一段相當長的時間，家長彼此互相介紹與對話中，尋求並製造與孩子之間一個新的溝通方式。

(二)幫助人從悲傷中重新站立起來 —— 達基中心的努力

　　達基中心（Dongy Center）是位於奧勒岡州（Oregon）波特蘭市（Portland），一個從事悲傷教育和悲傷諮商的機構，而後推廣到全美其他城市。達基中心這個名稱是為紀念一位年僅十三歲就死於腦腫瘤的少年達格‧多爾魯諾，暱稱達基而來的。

　　九歲時發病的少年達基，在沒有人告訴他到底得了什麼病的那種不安和焦躁中，寫了一封信給庫柏勒‧羅絲博士，信中寫著「生命到底是什麼？死又是什麼？當小孩必須面對死亡時，為什麼沒有一本書告訴我，死是什麼？」

　　對於少年這樣迫切的疑問，博士給他回了信，信中還有博士的女兒畫的插畫。在回信中她舉了樹木和花草的一生為例，神以無條件的愛看顧世上所有的一切，當蛹脫離狹小的殼而變成美麗的蝴蝶時，藉著死，我們才可以飛向更大的愛的世界。她的說明深入淺出，連孩子也看得懂。這封信之後變成了小冊子〈給達基的一封信〉（Dongy Letter），並廣為大眾所知。

　　達基中心是由博士的朋友，及和達基也熟識的貝巴力‧財沛兒夫人（Bebary Chapel）於一九八三年設立的。是幫助一些因生病、事故、自殺或殺人事件等而失去親人

的孩子從悲傷中重新站立起來的一個非營利組織。中心的營運費一年要花三十萬美元，全額都由捐贈所得來支付。

在這個中心，經常有將近二百位的孩童或單親們，因接受關懷而來回中心，並以喪失對象的不同、孩童年齡的不同分成二十六個小組，彼此對話或接受諮商。

波特蘭市的達基中心，自開設以來到一九九○年的八年期間，做了五千人以上的孩童及家長的諮商，對這些人得以重新面對人生有很大的貢獻。現在以達基中心為模範，全美共有二十六所孩童的悲傷教育和悲傷諮商的機構，腳踏實地地在進行各項活動。

有一次我嘗試與來波特蘭市達基中心的孩子們進行訪談，失去親人的孩童們異口同聲的說道：「爸爸和媽媽過逝時，學校沒有給我們任何一點幫助，自己不但不能說出自己心中的痛苦，老師們連一句安慰的話都沒有。」

像這樣刻意地被漠視、一成不變的對應方式，孩子受傷的心完全得不到關懷與醫治。但是，他們來到達基中心後，第一次找到能訴說心中失落體驗的悲痛的地方。他們遇見了有同樣經驗、能彼此同理心的同年齡的朋友，好不容易慢慢地打開了他們的心門。

達基中心的地下室還準備了讓人一吐為快，發洩感情的房間。你可以大哭、大叫、用球大力地撞擊牆壁來發洩無處渲洩的怒氣。使用身體讓感情坦然率真地表達出來，在孩童超脫悲傷過程中是不可缺少的方法。對孩童而言，

與其禁止或限制他們不可以哭，還不如引導他們自由地表達自己的感情來得好，這是心靈治療時重要的第一步。

當家人遭到一些突如其來的不幸時，孩子們在學校往往會遇到一些殘酷的的對待。在日本，當孩子的父親捲入某個事件而身亡時，家人常受到媒體的窮追不捨。尤其是該事件與犯罪或貪污扯上關係時，幾乎沒有例外的，孩子們在學校會受到相當嚴重的欺負。孩子在遭到喪親之痛後，緊接著又在學校受到老師和同學的疏離。

這不是只有日本才有的現象，世界各地無論哪裏，都會發生類似的狀況。希望周遭的人多與留意對孩子來說會造成二次傷害的可能行為。

三、英國

《好的悲傷》（Good Grief）

《好的悲傷》是英國中學、高中悲傷教育用的入門書。一九八四年初版發行，每年都不斷地改訂，這是由悲傷教育專家芭芭拉・瓦特女士（Barbara Ward）寫的著作，她自己本身也因車禍失去了丈夫。

在書中她說到，教育者本身必須承認自己無意識中把死看做是忌諱的事，並要不斷地喚起大家對問題的意識。

因為每年在英國的學校裏，一定會有幾位小朋友失去他們的父母，而老師卻不知道要如何去面對這樣的狀況，往往有消極地、盡可能迴避不去碰觸的傾向。

瓦特女士一九八四年時指出，全英國丈夫已故的女性有三百二十萬人，而妻子已故的男性有七十五萬人之多。換句話說，失去父親或母親的孩童，也接近這樣的數字。而且十六歲以下，失去父親或母親其中一人的孩童人數高達十八萬人。她舉出這些數字，主要是向教師訴求，目前陷在悲傷漩渦中痛苦的孩子，在你的學校一定有的。

另外，英國女性七人之中就有一人有喪夫的經驗，六十五歲以上的女性有一半是獨居的，也就是說社會上失去心愛伴侶的人非常多。

她又以「我們需要更加學習失落體驗和悲傷過程，學校的老師有向學生教導悲傷教育的義務」這個觀點，在她的書中詳細說明要如何去做。

首先她認為，失落體驗是每個人都會面臨到的問題，若要積極地接受它並讓它成為成長的糧食，就必須認識悲傷並去幫助別人。所以當孩子們提出對死的疑問時，要確實地把握機會向他們說明。這一點我將在後面以機會教育的方式（teachable moment）詳加敘述。瓦特女士就孩子們所提出的疑問，歸納成以下幾個可向他們說明的機會：

1.當學生重要的親人（父母、兄弟姊妹、祖父母或至親的友人）死亡時。

2.當學校的老師或同學死亡時。

3.當媒體報導有名望的人死亡時。

4.當災難或事故發生，許多人死亡時。

5.當好朋友因病死亡時。

　　書中的內容包含了死亡的歷史、家人的死、自殺、離婚、葬禮的意義、對死後生命的考察、悲傷過程的處理等範圍。其中對與所愛的人生離或死別的孩子（一九九〇年，英國十六歲以下的學生中，每五個人就有一個人的父母離婚，變成單親家庭。），常可發現他們喪失了自己的價值觀，或是自我的價值感非常低下的現象，她強調如何幫助學生恢復對自我的肯定，並如何提升自我的形象是很重要的。

　　目前英國社會上廣泛地認識悲傷教育重要性的趨勢已逐漸在升高之中，有些中學和高中的課程裏開始增加了「失落體驗和悲傷」（Loss and grief）的內容。

　　在臨終關懷機構中，實際照顧末期患者的護士，如果學校方面有要求，她們會去學校開授有關悲傷教育的課。這比讀再多的文獻還要來得有效，因為實際與許多患者接觸並看著他們生命結束的醫生和護士，他們直接聽到患者與家人的心聲，所以他們的話也最容易使學生感動。最近英國的臨終關懷機構又多了一項新的使命，那就是幫助學校推廣「為死所做的準備教育」。

在許多英國的學校，以及美國、加拿大、德國等地的高中，都嘗試以小組進行的方式，在不同的課程裏以不同的角度來探討死亡、喪失及悲傷等主題。

死亡是個普遍的主題，在不同的領域中要探討這個主題不是很困難。以下我將以九種不同課程，概述在中學教育中所談到有關生與死的內容。

(一)英語

很多的英國文學作品如小說、戲劇，或詩等，都探討人對死亡、失落及悲傷的反應。在闡述這些文學作品時，老師盡可能以生命的觀點來引發學生的反應。例如莎士比亞的作品包含了許多死亡的主題：哈姆雷特（Hamlet）、羅密歐與茱麗葉（Romeo and Juliet）、李爾王（King Lear）、凱撒大帝（Julius Caesar）、第十三首十四行詩；英國文學作品中探討死亡著名的一首詩是約翰鄧（Donne's）的「死神別驕傲」（Death be not proud）；另外二十世紀英國文學中的愛莫琳·沃（Evelyn Waugh）的「深愛的人」（The loved one）、亞瑟米勒（Arthur Miller）的「推銷員之死」（Death of a saleswan），路易士（C.S. Lewis）的「悲傷的觀察」（A Grief Observed）等，以上這些作品都常被列入中學課程中。

(二)其他外語

在外語教學時，無論是古典的或現代的，要選擇與生死有關的教材並不難，例如：

1.法文

蒙田（Michel de Montaigne）的散文集；

聖修伯里（Antoine de Saint Exupery）的《小王子》（The Little Prince）；

菲利浦愛麗絲（Philippe Aries）的《死亡的一刻》（The Hour of our Death）；

西蒙波娃（Simone de Beauvoir）的《安樂死》（An Easy Death）。

2.德文

雨果（Hugo Von Hoffmannsthal.）的《每個人》（Everyman）、《死亡與傻瓜》（Death and the Fool）；

歌德（Wolfgang Von Goethe.）的《少年維特的煩惱》（The Sufferings of young Werther）；

湯姆斯曼（Thomas Monn.）的《魔山》（Der Zauberberg）。

3.俄文

托爾斯泰（Leo Toltoy.）的《以凡伊里奇之死》（The

Death of Ivan Illich）；

亞歷山大（Alexander Solshenitsyn.）的《癌症病房》（Cancer Ward）。

4. 日文

遠藤周作的《沈默》（Silence）、《海與毒藥》（The Sea and Poison）；

井上靖的《化石》（Kaseki）；

夏目漱石的《心》（Kokoro）；

三浦綾子的「塩狩峠」（Shiokari Tooge）。

電影方面：

黑澤明「活下去」（Ikiru）、「羅生門」（Rashmon）；

伊丹十三的「葬禮」（Osooshiki）。

5. 拉丁文

席尼卡（Seneca）的《慰藉》（Ad Marciam de Consolatione）；

奧古斯汀（Augustinus.）的《懺悔錄》（Confessions）；

湯姆斯肯匹斯（Thomas a Kempis）的《效法基督》（De Imitatione Christi」）。

6. 希臘文

柏拉圖（Plato）的「費多」（Phaidon）；

沙弗克利斯（Sophocles）的「安蒂歌尼」（An tigone）；

荷馬（Homer.）的「奧德塞」（Odyssey）。

7. 義大利文

但丁（Donte）「神曲」（Divine Comedy）。

(三)歷 史

在做歷史教學時，教師可以將人類對死亡的態度的改變融入教學的主軸。亞力士（Aries）的『死亡的一刻』（The Hour of our Death）是一本極具參考價值的參考書，這本書在闡述死亡的歷史上具劃時代的意義。亞力士針對歐洲歷史，區分出五個階段，以做為對死亡的五個不同態度。

1. 泰然面對死亡（自希臘、羅馬時代至十二世紀初）

死亡被視為一種自然的現象，在有關死亡的悲劇性的戲劇中，瀕死的人往往都是主角，人們知道如何面對死亡。

2. 自我的死（從中古後期至文藝復興）

每個人開始探尋自我的死，並且尋求個人獨特的生活方式以及符合自己的死法。

3. 遠及近的死亡概念（十六世紀到十七世紀）

理性主義及啟蒙運動試著排除死亡、延長人類想法的

生命，而另一方面非理性主義者對死亡的恐懼卻愈來愈增加。這個階段對死亡有遠近兩種不同的看法。

4.他人之死（十八、十九世紀）

如同浪漫主義文學中所經常呈現的，至愛之人的英年早逝，將這個階段的注意力從對自我的死轉移注意力到他人的死。

5.否定死、視死亡為禁忌（二十世紀）

由於醫學的進步，人的生命前所未有地被延長，相對的，對死亡的看法也轉變成否定及視死為禁忌。

亞力士歸納整理了以上五種對死亡的看法，在此我要增加第六種，即死亡教育的再現（一九七五至一九九九年），從延長生命的觀點轉變成藉由臨終關懷強調提升生命的品質。

另外，在探討歷史的課程中，還可選擇其他與死亡相關的議題，例如，由於瘟疫、兩次的世界大戰，或原子彈等這些造成人類大量死亡的事件對社會的影響。

(四)生物

生物學老師做的死亡教育，可藉死亡為主題來解釋動植物的生長、發育、死亡，以及人類的生、老、病、死，並可談到生命成長、衰老的過程。

(五)藝術

在藝術史中有許多畫像、雕刻等藝術品，都是描繪死的景像和人類的苦痛。教藝術的老師可以說明不同的藝術家如何詮釋面對至愛之人的死和自己將死的那種痛苦。例如埃及的金字塔是為了表現他們對已故的法老王的尊崇，而希臘的雕刻家、藝術家通常表達人類面對死亡時的那股剛硬不屈的態度，死亡被視為一種盲目的宿命。我們在希臘戲劇中，同樣可看到這種態度。至於羅馬的墓誌銘，則常用來紀念已故者的功績。許多中世紀的畫及雕刻描繪耶穌被釘十字架的受難和死亡，死在這裏被解釋成神對人至高的愛。米開朗基羅（Michelangelo）的「聖母哀憐像」（pieta）這幅畫，是表現母親哀悼兒子之死的經典作品，啟發了很多藝術家紀念聖母馬利亞在懷中抱著已故的耶穌，我們可以在很多教堂看到這幅畫的雕刻。

西方藝術中常出現「死亡之舞」的主題，這些藝術品被視為推展死亡教育的具體方法。拉丁諺語「Memento -Mori」通常都會附在那樣的作品中，意思是「記得有一天你會死」。而在藝術史中，德國人愛博企‧杜勒（Albrecht Durer）的「騎士、死亡、惡魔」（Knight, Death and De-vil）是探討死亡的一部名著，馬基雅斯（Mattias

Grunewald）也在他的祭壇展現了瀕死的苦痛及復活的喜悅；畢卡索（Picasso）的名作「Guernica」描繪炸彈炸死人的那種恐怖和殘酷的景像，是具有深遠意義並傳達反戰訊息的一幅畫。其他的現代藝術品如挪威的畫家愛德華摩奇（Edvard Munch），德國的藝術家凱特・沃威基（Käthe Kollwitz）他們的作品多描述死亡或苦痛，或喪失至愛之人的失落及痛苦。

(六)音樂

死亡和苦痛是音樂中常見的主題，就像很多作曲家都創作安魂曲（Requiem）表示對死者的彌撒。其中最著名的有莫札特、威爾第（Verdi）、白遼士（Berlioz）和契魯比尼（Cherubini）等。巴哈在他的音樂「馬休的熱情」（Passion of Matthew）中，嘗試闡述耶穌基督在十字架上的死亡，表達神對人的至愛，另外他的 Kantatas 表現死亡是和神合而為一的渴望。「甜密的死亡」（Come Sweet Death）亦是。對很多作曲家來說，至愛之人的死以及因這件事所帶來的苦痛，一直都是他們創作的靈感。像作曲家威爾第在他的小說家好友亞歷山卓（Alessandro）死亡時寫了「安魂曲」；作曲家馬勒（Gustav Mahler）在他的「孩童死亡之歌」（Kindertotenlieder；Songs on the death of Chitdren）中描述父母喪失小孩的苦痛，並在他的第二交響曲中，揭示他對永世的希望。

至於葬禮時的進行曲，則是要表達對已故之人最後的道別，以及藉著莊嚴肅穆的旋律安慰許多正在悲傷中的人。

很多流行歌曲也談到喪失生命中重要的人的苦痛。並且偉大人物死亡時，往往會作曲紀念他們，如甘迺迪總統遇刺身亡、戴安娜王妃意外身亡時，都有歌曲紀念他們。

㈦健康教育

在這類課程中，生命與死亡是常被討論的課題，從保健到避免早逝都含括在範圍中，例如健康的生活習慣、酗酒、吸煙、嗑藥等，都是值得討論的主題。另外也可以談到安全駕駛，如何負起避免危害他人，以及危害自己的責任。還有一些教材中的統計數字顯示，不健康的生活方式及缺乏運動會導致早死。這些都可以當做生命教育的題材。

(八)倫理道德課程

倫理課程提供極好的機會討論生命與死亡，當今生物倫理學中基本的議題有：延長生命的問題、積極的安樂死、消極的安樂死、腦死、器官捐贈等。一般可以引起學生熱烈興趣的有：人道的死的權利、瀕死病人有被告知病情的權利、無效療程的拒絕。倫理課程中有關自殺的問題也常被討論，不過有些學校喜歡在宗教課程中討論。

現代倫理課程中所注意的另一個領域是環境倫理，要保護可供生存之環境，及面對核武引起大規模死亡的威脅，由廣島、長崎的例子，我們看到核武威脅的真實面，並體認到對全球和平的道德責任。倫理課程也討論有限的資源和對下一代子孫的責任。

(九)宗教教育

在宗教教育中，教師可以解釋不同的宗教如何詮釋死亡、人道的死亡以及死後的生命。不同的宗教也有不同的葬禮儀式（土葬、火葬等），可以當做另一個討論的範圍。有些教育學者將臨終關懷的歷史視為基督大愛的具體

的表現，德瑞莎修女對瀕死的人的關懷，就是一個很好的例子。另外，有些宗教極強調對那些喪親者的關懷，這是宗教提供信徒的很重要的精神支柱。而可供憑弔的墓地，則被視為喪親者追思故人的地方。

對那些曾經有過喪失家庭成員或至愛的人的學生而言，天國的重逢和永生的希望，是宗教帶給他們活下去的承諾和盼望。

以上我列舉了在中等學校實施死亡教育的方法，並討論了瀕死、死亡、喪親、苦痛等議題，同時也提出了九個具體實施的課程。

這樣的教學方法，和一個單一課程（死亡教育）相比較的話，缺乏連貫性是其最大缺點，但如果教師肯試著與其他九個課程老師協調，這個缺點可在某個程度上得到改善。這麼一來，學生可以體驗一個有系統、完整的觀點，就好像看到一道七彩顏色的彩虹，在整體中又看到不同的差異。這樣的教學法的優點，可以幫助學生從不同的角度獲得知識，讓學生可以自己去思考死亡的問題。

再者，不同課程的教師之間若有很好的溝通和協調，學生可以從不同專業背景的老師身上，獲得對生死這個議題更多的啟發。負責協調的老師，從各個不同的背景整合生死的意義，更可擴展學生的視野，如此一來，死亡教育將成為生命教育中重要的一環。

四、澳洲

「悲傷覺醒週的實施」

在澳洲有一個「全國失落與悲傷協會」的組織（National Association for Loss and Grief, NALAG），這個組織之所以成立，是因為在二十幾年前發生了一件很不幸的事。

一九七七年一月十八日上午八點左右，在新南威爾斯州（New South Wales）帕拉馬他市（Paramatta）附近的克蘭威爾車站（Granville），一列滿載上班人群的火車的上方，橫跨兩岸的橋突然間塌落下來，造成乘客八十三人死亡，許多人輕重傷的慘事。由於行駛在橋上的汽車駕駛不慎，撞上橋梁，以致造成橋梁的斷落，而壓在火車上面。這是有史以來最嚴重的列車事故，至今仍在澳洲國內流傳。

當時幾乎所有的死傷者，都是同一個小鎮布魯馬溫田附近的居民。事故所造成的衝擊和遺族們的悲傷，實在不是我們可以想像的。後來遺族中的幾個人，為了安慰和自己遭遇同樣悲慘經驗的人，於是邀請專家成立了 NALAG 這樣的組織。

NALAG 從一九九四年起，將每年十月的第三週的星期日到下一個星期日，總共八天的時間定為「全國失落與悲傷覺醒週」（National Loss and Grief Awareness Week），每年都以不同的主題，在各州的城市中舉辦各種不同的活動。

一九九六年的主題是 "Linked by Loss"，主要目的在於搭起有死別經驗的人彼此之間交流與溝通的橋梁。在這一週的主要活動是，為死於愛滋病者的遺族和失去兒女的人點燃蠟燭。「同理心」與「傾聽」這兩個詞成為連結這些人的主要訴求。

在這樣的活動進行當中，雪梨附近郊區的中學和高中，也開始實施一年一次的「悲傷教育日」了。在這一天教師、學生和家長一起以「喪失與悲傷」這樣的主題，一整天進行多方面的學習。譬如，思考在日常生活中經歷到各種喪失時，該如何去處理。我們在各種小小的喪失經驗中，學習好應對的方法，在這些應對處理方法不斷地累積之下，將來有一天遇到更大的喪失經驗時，就能夠更有智慧地去處理悲傷的過程。

在澳洲要成為一名教師，就有義務接受悲傷諮商等的專家訓練以及接受悲傷教育，以便能隨時處理學生失落體驗的不時之需。

五、瑞典

危機處理團隊的活動

十幾年前瑞典的史多克荷魯姆（Stockholm）附近的小學，發生了一件嚴重的巴士車禍，因為這件不幸事件的發生，悲傷教育開始積極地實施起來。關於這起巴士車禍，我在參加「國際・死別與悲傷學會」時，曾聽過一位會員的報告，這次為了寫書以及這一章的需要，我想我需要更詳盡的瞭解。

在我擔任「東京・思考生與死之會」的會長時，我們有一個活動，就是在二○○○年夏天，以「為死所做的準備教育研究會」的名義，去史多克荷魯姆一地做研究，其中一位會員為我詳細地介紹該事故的來龍去脈，我根據他的調查，簡單將事件的原委敘述如下。

一九八八年八月十五日的黃昏，史多克荷魯姆市內某所小學的六年級某一班學生二十三人和家長十一人，總共三十四人搭乘一輛巴士，往英屬的蘇德蘭（Shettland）諸島出發去旅行，這是剛升上最高年級班級的家長聯誼旅行。滿載著興緻高昂的學生的這輛巴士，在即將到達出海港口，挪威的貝魯見港（Berger）時，在彎曲的山路隧道

出口處撞上了牆壁，那時約黃昏六點左右。

這次車禍有十二名學生、三名家長喪生，其他的乘客也都受了重傷。當時車禍發生在鄰國挪威偏僻的山中，很難向瑞典國內學生的家人們傳達車禍詳細的情況。擔心自己孩子安危的家長只得衝向學校，但遇到這突如其來的事故，整個學校也是人仰馬翻，到底老師們現在該做什麼？該怎麼向其他的學生說明？一切無從做起，大家陷入一片混亂的狀態。

事故之後做了一番反省，今後類似事件發生時，要如何處理、如何對應，史多克荷魯姆市和周邊地區的小學、中學等不久便成立了危機處理隊。這是一個由校長和保健或心理學的教師，以及護士所組成的三人一組的隊伍，當任何危機情況發生時，立刻有多角的對應處理系統產生。最近，聽說行政方面的合作變得更加緊密了，各級學校也舉辦一些演練課程，假設學生的父母或教師、同學突然死亡時，該如何處理。為了在各種緊急事態突然發生時都能去對應，瑞典的學校正持續地對學生實施「為死所做的準備教育」和悲傷教育。

以上是二〇〇一年三月止，就我所知道的，國外的「為死所做的準備教育」的幾個國家的現況說明。若能幫助各位對各國國情或特殊的做法有些認識的話，我深感榮幸之至。

在此我再一次體認到，對現代的孩童而言，「為死所

做的準備教育」已是刻不容緩的課題了。我們要不拘形式
地讓孩子們一起來面對生死的真相、和孩子們一起來思考
生命的珍貴。不分時間，不分地點，更重要的是超越年
齡、超越地區和民族的差異，用溫暖的心去支持這個教
育，這才是最大的原動力。

第三章

「為死所做的準備教育」之建議

我把生死學的研究當做我畢生的工作，致力於跨學科的多方面研究和探討。在日本開始提倡並普及「為死所做的準備教育」是我的實踐階段，至今已過了二十五個年頭。近年來有關「死」這個主題，在媒體上已頻繁地出現，然而距今二、三十年前，死的禁忌和忌諱的觀念還相當深，我不得不一個人走向這條漫長與孤獨的研究之路。

　　一直到現在，對「死」這個字在感情上還抱持排斥態度的人，看來為數仍不少，但是說到「為死所做的準備教育」時，如何將上天所賦與的生命活到最後、活得更好，除了生命教育（life education）之外，沒有別的辦法。目前教育改革雖是當務之急，但是「為死所做的準備教育」卻是終身教育中，從幼兒到年長，每個人生階段的人都必須知道的。這一章中，盡可能配合各年齡層的需要，將如何推展「為死所做的準備教育」的具體方法詳述如下。

一、從幼兒到青少年

從妹妹的死學到的東西

　　我之所以立志學習研究生死學的動機之一，是我在十歲時經歷了四歲的妹妹死去的緣故。我有八個兄弟姊妹，當知道妹妹重病，已沒有治好的希望時，父母和我們商

量，決定自己在家中照顧妹妹。全部的家人都輪流看顧妹妹，為了不讓她感到孤單，即使是半夜也有人陪伴在妹妹的身邊，在那段照顧妹妹的日子裏，我們從父母身上學到了時間的可貴。

到了最後，妹妹和我們大家一一握手，說完了「謝謝，再見，我們一定可以在天國見面的」之後，就安詳地去世了。我們大家圍在床邊傷心地哭了，不過死後必定可以在天國再見面的天主教信仰，給了我們最大的希望和扶持。我從妹妹的死，學到了在學校也學不到的難得經驗。我認為對孩童來說，在家中經歷親人離世，是課本上學不到的寶貴經驗。我與我的家人同心合力地照顧年幼的妹妹，我覺得和家人之間的感情更加融洽地連結在一起了。

不要錯失孩子對死感興趣的機會

近年來幾乎所有的人都是在醫院迎接死亡，在臨終時似乎不太允許家人陪伴在身旁的樣子。「死」從一般家庭中被疏離了，現在的父母親幾乎沒有任何機會來和子女自然地談論死亡。

但是，遲早有一天，當孩子經驗到心愛的寵物之死，或有名的運動選手、明星、歌星突然死去的消息時，或因空難造成許多人死亡時，他們對死一定會感到好奇並且感到疑問，開始會向母親或老師尋找答案的。

當「死，是怎麼一回事？媽媽也會死嗎？我也會死嗎？」等問題出現時，希望大家記住，這是家庭或學校絕佳的機會教育（teachable moment）時機。只是，很可惜的，有許多重視孩子教育的媽媽，對這個時候孩子所提出的問題，不僅不給與認真與正面的回答，反而以「這種事就別問了，功課做完了沒有？」來岔開孩子的問題。

　　這麼一來，會讓孩子感覺到「啊！原來這種問題是不能問的」，於是變得沈默。親子間好不容易談論死的機會就這樣失去了。所以做父母的平時就應該想到，當孩子問起這樣的問題時，該如何回答，才能幫助孩子理解死亡的問題。

　　美國有一些年輕的媽媽，她們沒有經驗過家人死亡，所以不知道要怎麼和孩子談論死亡，因此就有一些工作坊（workshop）在那裏教導孩子去理解，當至親至愛的家人死亡時、或發生很大的災難，報導有很多人死亡時，如何配合孩子能理解的程度向他們說明。我想日本也應該盡速成立這樣的工作坊。

欺騙孩子的危險

　　當回答孩子的問題時，最不應該的，是不把真相告訴他們，儘管暫時隱藏了事情的真相，但總有一天孩子會發現，那是個謊言。這樣會讓孩子失去對父母親的信任，危

險性相當高。

　　舉一個例子，我有一個學生在他祖父過世時，家長把小孩託給親戚，直到所有的葬事都辦完，家長認為，可能小孩子還不能理解祖父過世的事，當孩子問起，就說「祖父去旅行了」，問到「什麼時候回來？」也以「他要去很久，暫時不會回來」來回答。

　　但是，當這個孩子到幼稚園對其他小朋友說：「我祖父去旅行，到現在還沒回來，我好寂寞噢！」而其他的小朋友卻對他說：「你祖父不是死了嗎？而且葬事也辦完了，不是嗎？」然後又取笑他：「連這個都不知道，簡直是笨蛋！」結果，以後成為常被欺負嘲弄的對象。

　　一開始這個孩子只是被朦騙，而結果卻讓他嚐到三種失落的滋味，一是知道疼愛他的祖父之死，二是失去和父母之間信賴的關係，三是在同年齡的同伴前蒙羞、丟臉。

　　不過，在這裏也要特別注意的，當孩子知道死亡的事實時，可能會有過度反應的危險性，被「啊！哪一天我也會死！」，「如果媽媽死了，我會變得很孤單，大家都不要我了！」之類的不安所驅使而睡不著。這時，首先要傳達給孩子一個訊息：「你絕不會孤單一個人，一定有人會在你身邊保護你的，不要緊的！」讓他感到安心是很重要的。

　　總之，在和孩子談論死亡時，有三點重要的事項，第一就是誠實；第二是語言的表達，做到讓孩子能清楚明白

的表達方法；第三是緩和孩子對死亡的不安，帶給他安全感。而且，做父母的，當孩子對死感到有興趣或感到好奇時，要隨時都能給與適切的回答，所以平時就要調適好自己對死亡的看法，因為在談論死亡時，就好像是做父母的在談論自己的人生觀一樣。

悲傷教育要配合孩子的理解能力

當我們大人經驗到親近的人死亡時，總認為「我們都來不及處理自己悲傷的情緒了，哪還顧得了孩子怎麼想、孩子的情緒又如何了的問題。」大人們總認為孩子什麼都不懂，其實那是大人錯誤的自以為是。事實上，孩子對死的反應比大人所想的還要來得強烈，因為他們很清楚地意識到，死亡和隨之而來的悲傷的情緒，和平常的狀態是多麼不同。

大人若是以敷衍的態度來對待孩子，孩子就不能確實地去掌握現實的狀況，於是不安驅使他們躲進自己的殼裏，把自己封閉起來。希望大家能夠瞭解，追悼懷念逝去的人的心情，孩子和大人都是一樣的。

當然，不僅是父母親，周遭的大人們，對失落體驗隨之而來的悲傷過程，如果可以深入理解的話，在處理孩子的悲傷時也是很有助益的。譬如說，孩子的成績突然退步了，上課也不能專心，或採取粗暴的態度處理事物時，就

要注意這個孩子的生命中到底發生了什麼事，應該營造一個機會，傾聽他的心聲，給他適當的幫助。

孩子的死生觀的三階段

匈牙利的心理學家瑪莉亞‧納琪（Maria H.Nagy）針對三歲到十歲的孩子的死亡概念，做了一番有趣的研究，論文發表在《發生心理學期刊》上（The Journal of Genetic Psychology, 1948）。雖然是五十幾年以前的研究，不過裏面提到隨著孩子的發展階段的不同，對死亡的瞭解也大不相同，簡單介紹如下：

根據她的研究，孩子對死大致上抱持著三大疑問：

1.死是什麼？
2.為什麼人會死？
3.人死了以後會怎樣？

幾乎所有的孩子，在他們小小的腦袋裏，都為了這三個問題煩惱著。如果周圍的大人能以謹慎的態度，好好地接納孩子們的煩惱和疑問，並給他們一些恰當的幫助的話，我想孩子對死亡會有正確的認識才是。反之，如果完全不去正視孩子的疑問，一味地責備他們問這個做什麼的話，反而會造成他們對死極端的恐懼而無法自拔。

在瑪莉亞‧納琪的研究結果中，雖然有個別差異，但

大多數孩子的死亡概念的發展，大概會經過下列的三個階段。

首先是三歲至五歲的孩子，他們還不能理解死亡是一種無法挽回的現象，他們覺得死了的寵物，就像電池用完了的玩具一樣，裝上新電池就可以再玩。

在五歲到九歲這個階段，他們可以理解人一旦死了就不會再活過來，但對自己的父母、家人或自己身邊的人，將來有一天也會死這件事，怎麼樣都無法認同。

過了十歲以後，總算可以接受死的普遍性和絕對性了。

所以配合幼兒期對死亡的認知發展，配合各個階段給與合適的教育，應該更被重視。

孩子與罪惡感

當孩子被大人很嚴厲地責罵之後，在他們的心中會偷偷希望對方死掉，甚至出口說道：「爺爺去死算了！」當然這或許是很極端的例子，如果那個被他詛咒的人，後來真的因為生病或其他原因死去的話，孩子往往會受到強烈的罪惡感的驅使，整個人陷入一種憂鬱的狀態。因為孩子還不能很清楚地區分空想和現實，所以會一再地自責對方的死，都是因為自己的緣故。

這個時候最重要的，是要讓孩子明白，對方的死絕對

和他的空想無關，讓他的情緒上不要有疙瘩。因為如果這個罪惡感一直存放在他的下意識裏，到了青春期，說不定會引起一些情緒上的障礙以及身體上的疾病。為了防患未然，希望孩子周圍的大人要和孩子保持良好的關係，體貼他們的需要。

讓孩子有家中一份子的感覺

失去至親的家人，特別是父親或母親其中任何一方不在了的孩子，要注意不要讓他有孤立的感覺。有些人會認為，他只不過是個孩子，還是不要讓他知道比較好。但是這種觀念並不正確，當父母親任何一方在生病時，照顧病人的父親或母親，就應該把實際的病情告訴孩子，加深孩子與家人之間的連帶感是很重要的。因為孩子有自己是家中一份子的自覺後，對往後孩子精神上重新站起來，會有正面的影響。與孩子之間保持正確的資訊，這種安全感會幫助孩子精神上的穩定。

接受父親或母親死亡的過程有四個階段：

　1.爸媽生病了。

　2.好像沒有好轉的現象。

　3.情況愈來愈糟。

　4.知道已不是現在的醫學能夠醫得好了。

這樣的過程，最好與沒有生病的爸爸或媽媽一起經歷。

如果在這個過程中媽媽對孩子說，爸爸的病很快就會好的，而孩子完全相信媽媽所說的，結果卻突然有一天通知他，爸爸過世了。震驚之餘，這個孩子會對一直矇騙他的媽媽完全地失去信任。而且，自己明明是家中的一份子卻被矇在鼓裏的那種疏離感和屈辱感，會讓內心受到很大的傷害。這段親身經歷，是一個孩子長大後，經過十幾年才從他的口中說出的。

如果明白知道，心愛家人的死亡是無法避免的時候，把這種痛苦的體驗轉換成幫助孩子「為死所做的準備教育」的寶貴機會，不是更具意義嗎？周圍的大人或老師們，如果理解悲傷的過程，而且能充分處理孩子的情緒的話，至親的死，反而成為孩子成長時的幫助。

讓孩子參加葬禮的意義

我在第一章「為死所做的準備教育」的目標㈩中提到的，讓孩子參加葬禮，在往後悲傷過程的消化上有顯著的效果，這是近幾年許多心理學家共同的見解。

因為是不是要讓孩子參加葬禮，不是只考慮大人們的方便與否，也要讓孩子用他們的自由意志來決定。不管參加或不參加都強迫不得，大人在詢問孩子時，言詞及語氣

常常會很敏感地影響到孩子的決定，所以要特別注意。

譬如說：「要參加葬禮！」這種斷定式的表達法，好像變成強迫式的，一定要來參加的感覺。

「真的想參加葬體嗎？」如果這麼問的話，孩子會想說：「啊！這是不能參加的！」所以也顧不了他本來的意思，或許會回答：「好吧！我不去！」

我想，很體貼地詢問孩子「想一起去參加葬禮嗎？」然後慢慢地等待孩子的回覆，是比較好的問法。如果孩子說，他要留在家裏，就尊重他自己的決定。而儘管是他決定不要去的，也不要讓他孤孤單單地一個人留在家裏，還是有人陪他會來得比較好。

二、期待「思考生與死之日」的實現

以上所有的項目，是從幼兒到小學生、中學生，對所有孩子實施「為死所做的準備教育」的基本方法。不要勉強劃分孩子的年齡層，要把握所有的機會讓大人和孩子一起學習生與死。

對將要承擔延續下個時代責任的孩子來說，我認為在做「為死所做的準備教育」時，最期待的，就是培育孩子有一顆愛他人以及善良體貼的心。當人在這個世上享受了生之後，終究有一天死會來臨。至於一直到瀕死的那一

天，我們該怎麼活，不可能有一樣的答案。所以，應以認真的態度面對孩子的疑問，大人也必須時常去修正自己的價值觀。在這樣的態度中，即使目前「欺負弱小」的問題有增無減，若能站在不只愛自己的生命，更應該尊重他人的生命的觀點上來與孩子對話，相信可以防止「欺負弱小」事件的發生。

我認為「生」的教育和「死」的教育，應該合併起來一起進行，所以多年以來我在日本提倡把「為死所做的準備教育」從小學開始列為必修科目，積極地納入一般課程之中。雖然比起以前，一般社會大眾已對這個部分投注相當大的關心，但要成為正規科目，似乎還需要相當長的時間。

所以我有一個提案，為了馬上能付諸行動，我建議一年一次，在各學校成立一個「思考生與死之日」計畫，這一天學生、家長和老師大家一起來思考以下五個主題。

1.「為死所做的準備教育」

舉例來說，以如果父母得了癌症的話，做子女的能做什麼、要如何告知病名等具體的主題來進行討論。

2.失落體驗和悲傷教育

從某個意義來看，我們人的一生可以說是一連串失落體驗的集合。我們該如何去面對這樣的情況，而且我們該如何與陷在這種痛苦泥淖中的人接觸等，以這些為中心去學習。

3. 自殺的預防教育

目前日本每天有超過九十個人自殺。因為受到欺負而自殺的孩子，為數也不少。尤其是家長中因父親自殺後被遺留下來的孩子，他們的苦痛超過我們的想像。

根據自殺所遺留下來的子女和妻子所寫的文集《不能說要自殺》，由「長腳育英會」所編集。裏面提到一九九八年，推算由於父母的自殺所遺留下來的子女的人數，大約一萬二千人左右，這比交通事故所遺留下來的孩子高出四倍。這樣算來，平均大約一天有三十三個小孩因父母的自殺而遭喪親之慟。

我在第一章「為死所做的準備教育的目標」中，指出了十二項目標。其中「如何防止自殺——對生命的威脅」也指出，最近自殺者不斷地增加。大家一起來思考，要如何改變這現實的狀況，並迅速地付諸行動才行。

4. 交通安全教育

大家來想想，要如何減少一年一萬人以上死於交通事故的這個問題。我知道針對有駕照者的再教育已多方面在進行中，但我深切感到重要的，是今後將握住汽車方向盤的青少年，要好好地教育他們尊重生命的可貴，並把這個責任感加上他們身上。

關於這一方面，我希望能以(1)基礎的程度及(2)具體的建議這兩者同時進行。

⑴基礎的程度

這裏把目標放在尊重生命的基礎在於提高對社會的責任感。例如在德國的教育中，責任感——特別是對別人的責任感，這個關鍵語反覆被強調著。日本是把「不要造成別人的困擾」當做美德，這種倫理的觀點比較強，但德國卻以積極的行動來表示對他人的愛。

在第二章海外的實例中，舉出了德國「為死所做的準備教育」的教科書為例。我想日本和德國教育上最大的差異，或許就在於有沒有宗教教育。德國有傳統的基督教這個共同的背景，宗教的課程又分天主教和基督教來進行。就像第二章所敘述的，德國的宗教課程不是只要學生學習狹義的基督教，而是在宗教教育的範圍中，更廣泛地擷取做為一個人該有的倫理，以及「為死所做的準備教育」。

當德國分成東西兩半時，西德持續地進行宗教的課程，而社會主義政權下的東德，宗教教育卻遭到全面的禁止。一九八九年東西德統一後，我在柏林看到了一個發人深省的統計數字，那就是舊西德每年交通事故的死亡率逐年減少，而舊東德竟是沒有多大起伏，甚至還有往上攀升的趨勢。

舊西德在宗教教育的時間裏，把交通安全教育當做基礎教育，讓學生去思考尊重生命和對社會的責任感。或許就是因為這個原因，與東德之間產生了差距。統一後的這十幾年當中，這個數字有了怎樣的變化？我尚未去確認，

但前面的這個統計數字，使我深感教育的影響力之大。

(2)具體的建議

配合基礎程度的教育，這個部分主要是從許多具體的例子當中，判斷是什麼原因引起這個事故的，以培養學生的判斷力。在雨中、霧中、雪中謹慎地駕駛方法、根據自己體力的極限，如熬夜和長時間的工作後，精神或肉體都呈疲勞狀態時，該注意些什麼，具體的指導和建議都應包含在這一部分。

大概全世界無論哪一國，車禍的發生率都以十八歲到二十五歲的男性為多，所以德國有一個叫做「年輕開車族教育運動」（Aktion Jungfahrer），對拿到駕照的年輕人，進行尊重自己與尊重他人生命的教育。而給巴士和貨車司機的定期檢查也是義務的，人格類型的安全駕駛指導也紮實地在推廣之中。

所謂的人格類型，是指一個人是立刻發怒的生氣型、或是反應遲頓型等不同類型的個性。讓年輕人仔細地瞭解自己到底是什麼類型的是很重要的。向他們說明哪一種類型的人容易肇事，給他們具體又正確的建議，這麼一來，年輕人自己會意識到「我也有那種弱點和危險性」，開車時就會特別小心了，這就是自我控制的教育。這種人格類型別的駕駛人教育，在德國交通事故的防止上，發揮了很大的功能。

5.愛滋教育

「思考生與死之日」想提出的第五個主題是愛滋教育。

二〇〇〇年六月二十七日，聯合國發表了愛滋患者分布世界的狀況。一九九九年末，愛滋患者的總數達到三千四百三十萬人，比九〇年增加了兩倍以上。九九年新增患者的五百四十萬人中，有六十二萬是未滿十五歲的孩童。累計起來，至今有一千三百二十萬的孩子們，因愛滋病失去了父母親，成為孤兒。

十五歲到四十九歲愛滋患者人數最多的是波茲瓦那，竟然佔全人口的百分之三十五點八，緊接著辛巴威、南非等非洲的十六個國家，愛滋患者數超過人口的一成。特別是年輕人之間以及母子垂直感染的愛滋發病率，正急速地增加中。

根據二〇〇〇年六月厚生省愛滋動向委員會的報告，日本一九九九年度HIV感染者的人數，歷年來最高達到五百三十人，而愛滋患者的產生為三百人，這兩項都比前一年增加了二至三成。

所以從預防HIV的感染，到愛滋患者的照顧等問題，從各國角度對青少年進行愛滋教育，已經是人類共同體的緊急課題了。

以上的五個主題，在「思考生與死之日」隨時都可提

出，請在醫院工作的醫師、護士、社工人員等醫療專家演講，邀請因自殺或車禍而失去父母的孩子來報告真實的故事等，盡量刺激學生有思考的機會。

三、加深對生與死的思考

為避免與後面各地進行的生與死的教育有重複之嫌，所以只提出幾個基本的想法。

透過文學

古今中外有名的文學作品，許多都把主題放在生與死這個基本話題上。作家們以自己獨到的手法處理死這個主題，表達對死的各種不同看法和態度。藉著接觸多樣不同的文學作品，正值青春期的學生們透過文學作品的生與死、重逢與離別，可以加深對人生意義的理解以及探討的程度。

在許多優良的名著中，我常向學生推薦俄國文豪托爾斯泰（L. N. Tolstoi）的《以凡伊里奇之死》這部作品。在美國或德國的醫院及臨終關懷機構的讀書療法中，這是常被採用的一本書。它以正面的態度來看待死這件事，並深入著眼在死的本質上，可以說是文學上不朽的名著。

托爾斯泰把自己靈魂經歷的軌跡，寄情於以凡伊里奇身上。書中的大意是這樣的：

　　主角人物以凡伊里奇是位極其平凡的小官，由於一個小小的事故導致身體的不治。即將面臨死亡的他，深受將死的恐懼與身心的痛苦折磨，但周圍卻沒有人瞭解他的苦惱。陷於孤獨的痛苦中，以凡伊里奇才第一次察覺人生的深奧。臨死之前他頓悟以往錯誤的自我中心的價值觀，終於能夠以愛和體諒待人，在詳和的光中迎接了死亡。

　　分析一下以凡伊里奇的心理，本來他以為自己的病可以醫好的，但隨著病情的惡化，漸漸對死亡產生恐懼，於是變得非常的自我中心，對周圍人的一切都感到不耐煩。然而在死去的前幾個小時，突然看法有了一百八十度的大轉變。在這之前只是一味地要求期待別人為自己做些什麼，但在去世的前幾個小時，他才第一次想到能為家人和周圍的人做些什麼，該怎麼做才能回應別人的期待，從心裏產生去關懷體貼家人的痛苦。因著他接受即將死亡的事實，並表達對別人的愛與關懷，他很安詳地走向死亡之路。

　　這部作品之所以用於臨終關懷的末期患者的讀書療法，主要是因為書中主角以凡伊里奇的心境變化，對患者有「鏡子的功能」（spiegelfunktion）。以凡伊里奇這個鏡子能反映患者每一刻的心境，並能幫助患者在某個程度用客觀的眼光來看自己的體驗與自己周圍的狀況。

當然，不限於《以凡伊里奇之死》，只要是優良的文學作品，能幫助所有年齡層的人回顧自己的過去，在摸索人生方向時或許都能成為一個指標也說不定。

透過音樂、美術、哲學

現在的年輕人，與其閱讀文字來激發想像力，不如透過錄影帶等影像畫面或以感性直接訴求的音樂，更能引起他們敏銳的反應。年輕人所關心的事物是什麼？要從哪一個地方切入，才能帶給他們思考上的刺激？我想這或許是大多數的教育工作者費思的根源。

以下所談的未必能成為直接的答案。就像和他們一起聆聽莫札特的音樂，再以後面所揭示的莫札特的信，讓學生閱讀並要他們寫報告；或者是用幻燈片讓學生看米開朗基羅的「聖母哀憐像」的雕像，然後再舉出一兩項有關他的插曲和學生分享，也是一個辦法。

這裏謹介紹二個例子以供參考。一是莫札特三十一歲時，寫給父親的一封信中的一小段；一是米開朗基羅晚年時，向友人所說的一段話。

　　死的確是人生最後的終點、是我的責任、更是這幾年來努力地去親近人類的，最好的朋友。
　　……能與真正幸福的關鍵──死成為至友，能得

到這樣的機會，我由衷地感謝，儘管我尚年輕。
想到或許明天就不在人世了，不由得難以入眠。

—— 莫札特

如果說生命是我們所熱愛的話，那麼死對我
們來說，應該也不是什麼不愉快的事。因為死是
創造生命的那位巨匠的同一雙手所創造出來的。

—— 米開朗基羅

這些話背後的那種對上帝深厚的感恩，雖然來自完全
不同領域的藝術家，但發自內心的感謝之意是他們二人共
同的創作起點。

以莫札特為例，雖然他只有短短的三十五年的生命，
但他所創造的音樂，不僅充滿華麗的技巧，更是對生命永
遠的頌讚，直到現在都能撫癒我們的心靈，那種深遠的感
動，超越時空傳達到我們的心裏。我想正因為他把死視為
他的至友般親近，這樣的「死的哲學」蘊涵在他的作品的
深處，才能如此款款地打動人心吧！

生、死與愛——回顧人類幾千年的汲汲營營，當不斷
地追尋生、死與愛的根源時，其實就是更深入地注視現在
自己的人生觀，除此之外，別無他途了吧！

四、各地推展的實例

(一)社區的努力

「生與死的教育」研究會──「兵庫·思考生與死之會」

在「東京·思考生與死之會」的成立，以及「思考生與死之會·全國協議會」的結尾的地方，我曾簡單地說明過，這二十幾年來，不僅在日本，我也積極地在韓國推廣思考生與死的活動。「韓國·思考生與死之會」在二○○一年春天已成立滿十周年了，我也受邀至漢城發表祝賀的演講，祝福韓國思考生與死的人愈來愈多。

在此，我想舉一些在日本各地所舉辦的與「生與死的教育」有關的活動。

各地的「思考生與死之會」持續地進行各項活動，這幾年兵庫縣尼崎市「兵庫·思考生與死之會」積極地致力於「生與死的教育」實踐活動。就像在課程制訂的過程中所敘述的，只要認真地面對當地的各種危機狀況，必定能理會出合宜的處理方式。

我從這個會成立時就一直參與，所以對他們的狀況比

較瞭解。危機的「危」意味著危險,「機」就是機會,「兵庫‧思考生與死之會」把連續發生的危機狀況,積極地轉換成「生與死的教育」的機會。對於他們的熱忱和行動力,我由衷地給與喝采。

「兵庫‧思考生與死之會」於一九九九年製作了「生與死的教育,現場可實踐之教材課程」,緊接著二〇〇一年二月,發表了「生與死的教育‧課程的實踐」(全十卷)的錄影帶。

首先我來介紹「生與死的教育」的教材課程製作的過程。

兵庫縣於一九九五年一月十七日發生了阪神、淡路大地震,許多人在震災中犧牲。存活的每個人拼命地突破生與死的界限,抱著受傷的心靈,努力地朝復興之路行動。好不容易震災後的復興跨出了一大步,沒想到在一九九七年,在神戶市又發生小學生連續被殺害的事件,帶給國內外強烈的衝擊,之後又發生中學生連續殺害別人的不幸事件,引起日本社會大眾廣大的注意。

在這樣惡劣的狀況之下,兵庫縣和神戶市兩地的教育委員會,聯合召開「心靈教育緊急會議」,會長高木慶子提出了會議的課題、方向性以及今後的建議。

在第一項裏提出「思考生與死,充實學習生命是可貴的教育」,把方向性定在「推廣思考生與死的教育」上,並在建議的第一點指出,希望在各級學校中具體地運用

「生與死的教育」的主旨。

所以在一九九八年六月，「兵庫・思考生與死之會」在兵庫縣和神戶市兩教育委員會的支持下，為學校的老師們安排了「心靈的教育（生與死的教育）研習會」。這個研習會分三階段來進行。

第一階段在同年的六月，目標定在察覺「第一人稱的生與死」，把握個人問題的「生與死」。

第二階段於一九九八年十月至十一月間舉辦在學校的「生與死的教育之內容與知識」。

第三階段在一九九九年一月至六月舉辦。以大約十名教師為中心，成立「生與死的教育研究會」，然後完成了「在學校可實踐之教材課程」。

這個教材為 A4 版，共四十三頁，由以下九個項目所構成。

1. 生命的連結。
2. 死別之喪慟。
3. 學習生與死的必要性。
4. 不可逃避的死與或許可以避開的死。
5. 與生死息息相關的現代醫療。
6. 看護病人後的送終。
7. 失落體驗和悲傷。
8. 學習生與死之後（結論）。
9. 被救回來的生命，其尊貴與感謝。

在結論中說到:「現在在學校裏,需要注入一股清新的風氣」,以這個問題做為結尾。

這個教材大致以中學生、高中生為對象,然而如果以小學生為對象,也有足夠的內容可提供。

另外,二〇〇一年發售的這套實踐記錄的錄影帶,對後來要在學校裏推展「生與死的教育」的人來說,將是他們強而有力的伙伴。今後想致力於這方面教育的人,可以把它當做一個模範,希望您務必能參考。

「生命」的作文——「諏訪‧思考生與死之會」及其他活動

長野縣的縣民長久以來繼承一個好傳統,那就是積極努力於孩子的教育的這種風氣。這裏介紹一個在長野縣岡谷市,全是志工團體的「諏訪‧思考生與死之會」的活動。

這個會自一九九七年起固定舉辦一個以「生命」為主題的作文比賽,透過長野縣內的小學、中學,積極地呼籲學生們來參加。我從一開始就加入他們的討論,他們並在每年向我報告選拔的經過及狀況,參加的學校年年都在增加之中。

第三屆的作文比賽,也就是一九九九年,共有二十八所小學和中學參加,總計有八百九十一人的作品報名。今

年得到第一名的是一位小學三年級的小女生，她寫的是她死去的弟弟，題目是「惟一珍貴的生命」。她寫這篇作文，是因在課程中上過一堂與死有關的課之後，有感而發所寫成。

「諏訪‧思考生與死之會」舉辦作文比賽的影響也慢慢地推廣到其他的「思考生與死之會」上。就如北海道苫小牧市的「苫小牧‧思考生與死之會」也以同樣的主題，以小學、中學、高中的學生為對象，展開了「生命」作文比賽。一九九九年，在很短的期間內就收到了五十五份的作品來報名。

其中，有一位高中生，因著祖母之死，重新確認自己的生命是和好幾代以前的人相連在一起的；也有一位中學生，因為看到祖父把腎臟移植給母親，手術成功後，讓他感覺到生命不是自己一個人所有的。裏面還有很多孩子寫到，藉著明白生命的寶貴，自己開始會去思考生與死的問題了。

像這些踏實的活動，會讓思考生與死的人的範圍確實地擴展到下一代去，並且這些活動會成為推展的原動力，期望生根到每個社區，並能長長久久地做下去。

(二)教育學校的努力

　　以下我想舉小學、中學、高中、大學的二、三個例子來說明。這些都是出書之前，手邊資料的一部分，大多是由報告或著作中擷取出來的。

　　其實日本各地，從幼稚園到研究所，正如火如荼地推展「為死所做的準備教育」，例子很多，不勝枚舉。但願這個活動能愈益發展，我也會盡自己最大的力量去支持。

「尊重自己與他人的生命，培養要好好活下去的態度，保健教育應有的方法。」

　　（現在東京都江戶川區立篠崎第三小學，小松良子教師的授課與實踐）

　　小松良子教師擔任保健教師已有二十七年的經歷。來到保健室的孩子們，每年都有一些變化，那就是他們變得不知如何表達自己身上受傷的疼痛，也不知如何訴說自己哪裏，以及如何不舒服了，也就是說，不太注意自己身體的狀況。她發現現在的孩子對自己身體愈來愈不關心了。

　　於是，小松教師想，總該做些什麼讓孩子認識，自己才是自己身體的主人。所以，先是在一九九二年，以「重

視生命的教育」為題，以性和誕生為內容，在各年級實行一小時的課程。她察覺到，必須把對死的看法納入內容，在多方摸索之後，知道了我的「為死所做的準備教育研究會」。

這裏所介紹的，是小松教師在一九九九年七月，「為死所做的準備教育研究會」上，發表自己的研究結果，根據她的發表內容大致說明如下。

授課研究的目標在於「從學習生命的誕生，感受自己被生下、被養育的喜悅，進而確信自己的存在，培育珍惜自己的態度。並透過人的生命是從誕生到死亡的過程之學習，讓自己成為生活的積極主動者，讓孩子思考該如何去生活，培養孩子要活得更好的這種態度。」

這個課程是從一九九八年九月到十一月，在當時小松教師所服務的東京都江戶川區立上小岩小學，六年級兩班共計以七十五人為對象所進行的。

學習的重點擺在以下三點。

1. **問題解決型**

孩子們自己去找問題，目標是讓他們自己去判斷及解決問題。

2. **體驗學習型**

重視體驗學習，其中的過程讓孩子自己去判斷，教師會給學生一些建議，讓他們可以行動，並且讓他們有機會聽到像懷孕的人、克服大腸癌現在還能工作的人，及護士

等人的經驗分享。

3.與社區結合型

不只是在教室裏，並得到社區熱心人士和設備的協助，更加提高孩子的求知慾。譬如，在社區的保育園中擔任「一日保父」、「一日保母」，或是在一些工廠或工作場所，與年長的人一起工作一整天等。

這個指導計畫，以下面的流程嘗試性地進行。

發現要學習的問題→收集資料→目標明確化→訂立學習計畫→追求探索→整理、推敲而且在學習告一段落後，向學生提出「在生命課程的學習後，你覺得自己有什麼改變嗎？」的問題。

學生說出了許許多多的意見，把學生的意見概要性的分類一下，大致有「人生觀」、「自尊與感情」、「生命的可貴」三大類。

1.自己的人生觀改變了

就算事情進行得不順利，也變得不輕易放棄了／我想全力去做我現在能做的事／開始營造和家人對話的時間。

2.變得珍惜自己了

開始想和別人一起合作了／自己不喜歡的事，會想如果換成是別人的話，人家會做何感想／變得比以前更懂得珍惜自己了。

3.對生命的看法改變了

對於生命的問題，開始認真思考起來了／對那些不尊

重別人生命的人，開始討厭憤怒起來了／生命不再是屬於自己一個人的，而是屬於每一個家人的了。

　　以上是針對小學六年級的學生，在綜合學習的時間裏，實施「單元：探討生命」之後，小松教師檢證孩子們在想法上和態度上的改變所做的概要報告。

　　還有，在經過這個課程指導後，孩子們的自尊心提升了。這兩班的級任老師說，在這個學習之後，可以感覺到在孩子彼此之間，那種珍惜自己與尊重別人生命的態度，好像有很大的成長。

　　而且，根據對家長所做的問卷調查結果指出，和兄弟姊妹以及比自己小的孩子相處之間，也有很大的轉變。譬如，對殘障的弟弟變得溫柔體貼了、對朋友的看法也改變了、或是開始對年紀較小的孩子有了興趣等。另外，在與年長者的應對進退也出現了變化，變得會去幫祖母的忙了、或是對父親所從事的工作開始關心起來了、開始有感恩的心情了，以及生命不再是屬於自己一個人的了等等。

　　經過這個「生命」課程的學習，孩子們開始思考今後要如何去面對生命，如何去生活。可以感覺到在家庭中或在學校，生活的態度明顯地改變了，而且在與他人接觸時，態度也變得溫柔多了。

　　另外，在孩子們的自我評價和授課後的感想文中，也可以確認，經過這樣的學習，深深感覺到生命的可貴，今

後人生的方向要如何去規畫等，在孩子們心中改變的經過。

「為了那豐盛的生命的緣故」——臨終關懷志工去小學的那一天
（兒童文學作家，甲斐裕美的活動）

甲斐裕美小姐和前面所提的那位小松教師一樣，在二○○○年一月的「為死所做的準備教育研究會」上，發表了自己的經驗。

甲斐小姐從高中就開始寫童話，後來對臨終關懷和死的教育有興趣，從一九九六年起在橫濱的甦生醫院的臨終關懷病房擔任志工。那一年的十二月，以死於癌症的老狗和一位少年之間心靈的交流為題材，寫了一本圖畫書《龍》，以自費的方式出版了（新風舍）。

本來她想和孩子們談生命、死以及有關臨終關懷的事，但學校的反應好像不是那麼好，好不容易在一九九七年開始訪問小學，才有機會和孩子談到有關死的話題。

以下的內容是根據當天她發表的講義所整理的。

內容：思考關於死的課程

對象：小學生，五、六年級以上

需要時間：約六十分鐘

（和級任老師協調，隨機應變決定時間的長短）

主要內容：①自我介紹「我是做什麼工作的」

②「來製作童話」第一次

③癌症是怎樣的病？

④臨終關懷機構是怎樣的地方？

⑤志工的經驗談

（有一個老太太說她想折紙鶴等話題）

⑥「來製作童話」第二次

費用：免費

　　上課前不可缺少的是充分的準備，她一定會和級任老師確認幾點，如同學和老師的死別經驗、病歷，以及班上的狀況（如有沒有欺負弱小之類的問題存在等）。

　　最近關於甲斐小姐為小朋友所做的「思考關於死的課程」在朝日新聞社的「死的準備」（「AELA」）的一分刊物上有所介紹，所以社會大眾漸漸知道她的苦心。但聽說剛開始的時候，甲斐小姐向當地的小學校長大約五十位發出希望能讓她到學校上課，並附贈了自己的《龍》的作品，但沒有一間學校有反應。後來她等不及了，自己打電話到學校去詢問，然而卻遭到冷淡的回應。

　　大概經過了半年左右，好不容易她所畢業的母校來信邀請她，聽說這是第一次的授課。後來在不斷地累積教學經驗之後，孩子們對她的課都有很敏銳的反應，而且還可以發現上課之前和上過課之後，孩子的想法和態度上有很

大的轉變。

上過課之後，大概有百分之八十的學生有很好的回響，他們把問的問題和感想寄給甲斐小姐，她每一封信都好好地做了回覆。感想文中有很多孩子寫道：我明白了生命的可貴了、從今以後要好好愛惜光陰、我也想要當志工為別人服務等，連同感謝的話寄給了甲斐小姐。

「豐富生命之死的教育」
（愛知縣岡崎市立常磐中學、天野幸輔教師的授課實踐）

天野幸輔老師於一九九二年來上我教的「死亡哲學」和基督教入門的課有一年之久，並自一九九五年起，在岡崎市常磐中學教授英語課程的同時，開始教「豐富生命之死亡教育」。

這份報告是他在二〇〇一年一月「為死所做的準備教育研究會」時所發表的。天野老師的授課計畫中，有幾項問題特別突出。

1.在學校教育中，要把「死亡教育」擺在哪一個領域中來實踐呢？

2.「死亡教育」的範圍在哪裏？

3.學校教育中不把「死」列入課程，意味著什麼呢？

🏛 學習的意義

天野老師以寵物的死來進行這個學習。他說明之所以這麼做的意義。

這個課是以性、誕生及各種病為內容的一整年的綜合學習，題目為「學習生命的可貴」的一部分。第一學期是發展階段的導入，以「癌症」為題，學習醫療現場的實際狀況。一開始以「失去至愛的家人的心情」為題，前半段先以「與寵物分離」來進行。

在學習生命的可貴時，為什麼要以寵物的死先來討論，天野老師解釋為：

1.在直接思考某個對象的死時，寵物的死所帶來的震驚比人的死來得小一點。

2.很多小孩在家中或在學校裏都曾經有飼養動物的經驗。

3.寵物的種類繁多，學生們各有不同的飼養經驗，所以經驗談的範圍比較廣。

4.寵物所牽涉到的個人隱私比較低，比較容易分享經驗談。

5.失去寵物時（pet loss）──譬如獨居老人長年所飼養的寵物死去，老人產生悲傷及失去活下去的勇氣；另外還有虐待或遺棄寵物造成社會問題，這方面的資料現在也不少，如果學生感興趣的話，可以當做追蹤學習，要找資料也比較容易。

🔖 學習目標

　　1.藉著傾聽別人和寵物的分開或死別的經驗，可以知道悲傷是自然的反應，而且可以明白悲傷也有個人差異。

　　2.聽別人說自己的體驗，也有勇氣談自己的體驗和感受。

　　3.藉著閱讀和比較資料，及聽別人的談話，在彼此對談之中，學習飼養寵物該有的道德和倫理；

　　4.藉著學習與寵物之間的關係和離別，回顧自己的失落體驗。

　　譬如在這個課程的第六堂課，也就是最後階段的部分，邀請來賓談自己失去寵物的經驗→分組，聽同組的人談自己的寵物以及和寵物離別的經驗，然後把小組的談話內容向全班報告→聽二位左右的同學的讀書感想發表，然後把感想整理。也就是說，以掌握內容→深入→整理這樣的流程，進行學習活動的報告。

　　其他像和英語的課程配搭，以「是否應當認同產前羊水的檢查？」的題目來進行討論。無論哪一個課程都重視學生個人的意見和尊重個人的意志決定，不以教師的意見做為結論。

「何謂臨終關懷」——慶應義塾高中的一項嘗試
慶應義塾高中（橫濱市港北區・高橋誠教師）

高橋誠教師是「為死所做的準備教育研究會」的會員之一。

慶應義塾高中是男校，在一般男女合校的高中有的必修科目「家庭科」，在這個學校由幾個老師來上社會或理科。說到家庭科，一般人的印象都是烹飪或裁縫之類的內容，不過擔任現代社會課程的高橋老師，從一九九六年起在家庭科中積極致力於「為死所做的準備教育」的課程。

慶應義塾高中在一整年的一般生活及家庭科中，推動「為死所做的準備教育」，針對一年級十八個班共計七百五十人來授課。譬如像「何謂臨終關懷」的課，每一班分兩次，一次五十分鐘的方式進行。成績以小考、報告和每學期末的期末考等來考核。

高橋老師在他一整年的課程中，擷取其中之一的「何謂臨終關懷」，於二○○○年五月「為死所做的準備教育研究會」上，以模擬的方式重現在我們面前。

內容有：

1.**臨終關懷的精神**；

2.**臨終關懷的語源**（主要是由拉丁文而來，意思是以人道的溫馨和體貼來照顧人生最後的一個階段，讓一個人可以平靜地渡過之意。日語裏翻譯成緩和痛苦的關護。）；

3.**從癌的痛苦中得到解放** —— 嗎啡的不幸的偏見與誤解；

4.**緩和疼痛之後的心靈關懷**。

高橋老師每次上課都會準備豐富的資料發給學生。例如上「臨終關懷的精神」的課時，他會把上課時必用的部分影印給學生，像日野原重著《如何活過死》（中公新書）、千葉敦子的《要好好地死、必須好好地活》（文藝春秋）、富蘭可（Frankl）的《即使再怎麼艱難也可以對人生說 yes》（春秋社）幾本書的重要章節，都會預先提供給學生。另外，他還會在授課的後半段時間播放聖路加國際醫院理事長日野原重明先生解釋何謂和平之家──臨終關懷的錄影帶，各方面都考慮得很周到地來展開課程。

志木高中「死的教育」的一年計畫
（埼玉縣立志木高中熊田亘教師）

和高橋教師一樣，熊田老師也是「為死所做的準備教育研究會」的會員。他在一九九九年三月「為死所做的準備教育研究會」上，重現他上課的情形。

在他的書《高中生與學習死──「死的課程」一年》（清水書院）中，除了有他生動的授課課程的實踐記錄，還有學生們由不知所措到與他的課產生同理心、進而成長的感動記錄。

擔任這個課程的熊田老師，他有兩項基本態度：盡量不要太突顯教師的存在，確保讓學生有自己去思考、去整

理以及自我表達的時間。也就是說，老師不要只做單向的教學，為學生準備交換意見的場所，讓學生組成學習小組。

　　為什麼要這麼做，因為熊田老師說「死的課程」沒有什麼正確答案。就連他自己，對很多問題也很難決定它的答案，師生在這方面幾乎是對等的。重要的不是決定哪一方的答案正確，而是傾聽別人的意見時，加深或確認自己的看法。

　　不過熊田老師的課也不是那麼艱澀難懂，就像在第六次上課題目為「設計自己的葬禮」時，他為了說明日本自古以來的壽衣，還從附近的葬儀社借到了一件壽衣，在教室穿給學生看，引起學生的哄堂大笑。學生對熊田老師上課的熱忱都留下了深刻的印象。

　　接下來介紹的是熊田老師每次上課的主題，這是從他的書的目錄中節錄下來的。

　　第一堂　至親的人及寵物的死
　　　　　　想想看至親的人死的時候、或是寵物死的時候的情形，當時自己的心情如何、周圍的人的反應怎麼樣等等，把它寫下來。

　　第二堂　你的生命只剩不多的時間，你該怎麼辦？
　　　　　　假設你得了重病，而且也醫不好了，並確定你只能活一年、一個禮拜或一天就要死了，在這過程中，你要做什麼？

第三堂　關於自殺

　　自殺應該被認同嗎？

第四堂　告知病情

　　如果你得了重病，而且也醫不好了，確定你只有幾週或幾年的時間就將離世，這樣的結果，你希望別人告訴你嗎？那麼對你的家人或男、女朋友，你會把這樣的結果告訴他嗎？

第五堂　死的恐懼

　　你怕死嗎？不怕嗎？為什麼？

　　補充第五堂閱讀《活過一○○萬次的貓》對於結尾的地方所寫的「貓已不再復活了。」這句話意味著什麼意思？

第六堂　設計自己的葬禮

　　你想或是不想為自己辦葬禮？為什麼想？為不麼不想？為自己設計一個能表達自己的葬禮看看。

第七堂　延命治療和尊嚴死

　　自己得了不治之症，死期就迫在眼前，你希望持續做延長生命的治療嗎？如果你成為植物人，你希望繼續使用插管或補充營養的方式來延長生命嗎？

第八堂　日本人的生死觀

　　你相不相信死後的生命？為什麼？說到「來

世」你有什麼看法？

第九堂　基督教、回教、左羅阿斯塔教，與現代科學的生死觀（譯者註：Zoroaster古代波斯民族的宗教，主張神的存在。善神和惡神並存，他們的戰場就是這個人世間，並主張善神必勝說）。

在佛教傳入日本以前的生死觀、源信和親鸞的生死觀、基督教、回教、左羅阿斯塔教的生死觀與現代科學之生死觀的比較，哪一種生死觀適合自己呢？為什麼？〔譯者註：源信，（942～1017）平安中期天台宗的和尚，成立日本的淨土教，著有《往生要集》，主張來世信仰；親鸞（1173～1262），鎌倉初期的和尚，淨土真宗開山祖師，著《教行信証》、《愚禿鈔》等，主張來世信仰。〕

自習的課題　讀《與病搏鬥記》——千葉敦子「為死所做的準備」（日記）

請寫下對千葉敦子的人生觀和死的方法的感想及意見。

第十堂　器官捐贈

當自己或家人得到一種需要有人捐贈器官的重病時，你希望能得到別人捐贈器官給他嗎？如果自己或家人要捐贈器官給別人，你覺得怎麼樣？

提出報告「關於死的問題」

所有課程結束。

在課程結束後學生所提出的報告中，看得出經過一整年熊田老師熱情洋溢的教學，每一次課程都有很大的回響，每個人的心中都有了自己的生死觀了。我看了那些報告，真的有被極大的喜悅包圍起來的感覺。

上智大學「死亡哲學」課程
（本書作者 Alfons Deeken）

接下來介紹我的「死亡哲學」的課程。「為死所做的準備教育」不只是知識的傳達而已，重要的在學生自己思考，自己找到行動的方向。在我的「死的哲學」當中，為了確實地實踐這個哲學的意義，我以各個不同的角度來進行「為死所做的準備教育」，以採取小組討論的方式和指定生死學有關的書籍，來有效地幫助學生的人生觀及思考方向。

以下是「死亡哲學」一年的課程。

第一堂　由哲學來看死的意義——「為死所做的準備教育」的必要性。

第二堂　瀕死的六個階段和理解（參考本書第一章）。

第三堂　悲傷教育之一，悲傷教育的必要性，說明悲傷

過程的十二個階段、喪偶時的準備教育。

第四堂　悲傷教育之二，複雜的悲傷——突然死、車禍、過勞死、自殺等之後。

第五堂　悲傷教育之三，聆聽死別者的經驗談。

第六堂　死的恐懼與不安——死的恐懼與不安的九種形態，及如何超越等。

第七堂　死與幽默，在臨終關懷時也需要幽默

第八堂　自殺之一。自殺的意義、自殺的統計、自殺的動機。

第九堂　自殺之二。自殺在倫理上的評價、自殺的防範。

第十堂　瀕死的體驗。閱讀中山善翻譯之《窺視死後的世界》（評論社）等。

第十一堂　勝過死亡的生命之一。死後生命的問題——索克拉帖斯、柏拉圖、來世的信仰、康德、歌德、馬賽爾耳等的學說。

第十二堂　勝過死亡的生命之二。對永遠的生命的考察。《新約聖經》中對永遠的生命的描寫。

第十三堂　死的歷史——生死觀的變遷。後半段演練「告別的信」。

第十四堂　與末期患者的溝通——癌症的告知、與患者討論病情以及治療方法（informed consent）。

第十五堂　臨終關護運動——臨終關護的歷史、理念、臨

終關護運動的歷程等。

第六堂　對末期患者的支援與幫助——音樂療法、讀書療法和藝術療法等的效果。

第七堂　死與愛——由歷史和文學史的角度來看。

第六堂　文學中的死之一，希臘、印度、俄羅斯等。

第九堂　文學中的死之二，美國、日本等。

第廿堂　音樂中的死——「雷克耶姆」、「死與少女」、「追念吾兒之歌」等。

第廿堂　藝術中的死——繪畫、彫刻、美術等。後半段演練「如果我只剩半年的生命」。

第廿堂　不可逃避的死和或許可以避開的死——車禍、戰爭、民族紛爭、核子武器、環境污染、地雷等。

第廿堂　死的定義——腦死和器官捐贈。

第廿堂　葬禮的意義。

第廿次　瀕死之人在人格上的成長

　　在這一系列的課程中，尤其是「告別的信」和「如果我只剩半年的生命」這兩項演練，最近在一些中學或高中也有實施，我想在實際推行時，要留意幾點注意事項。

　　「告別的信」是假定自己得了不治之症，將不久於人世，於是寫給親人、兄弟姊妹或朋友的一封告別的信。這個演練的目的，是讓學生思考，給親朋好友、手足最後的

問候，該說些什麼才好。這裏必須要注意，這可不是要自殺前的遺書，而是得了癌症之類的病的狀況，這一點是要分清楚的。

　　同樣的，另一個演練「如果我只剩半年的生命」，也是在上課時間讓學生寫一篇「如果我只剩半年的生命，要如何度過所剩的時間」的小論文。學生們假想自己得了不治之症，醫師告訴他只剩下半年的生命，老師向學生說明，要冷靜地思考之後再去寫。因為你要年輕人一下子就去寫，他可能只會把他當時所想到的列出來而已。所以要去引導學生進入那樣的情況，仔細地思考自己該怎麼做，然後再寫出來，這樣是比較妥當的。

　　還有，在發下稿紙之前，事先告知不要寫自己的名字。因為這不是考試，而是針對生與死深入思考的演練而已。

　　以上這兩項演練所得到的效果，是單靠上課得不到的。進行順利的話，學生可以全人投入，專注於生與死課題的思考上。

　　到目前為止，我已經看過幾千份的演練成果報告。有人說現在的年輕人有的只是一些言不及義的看法，不過就我所知道的，大多數的學生對生與死這樣的根本問題，還是以很認真、很嚴肅的態度來面對的。或許在透過寫作業的過程中，可以冷靜地批判自己目前的價值觀的緣故吧！

　　另外，也有不少的學生在寫報告的過程中，才第一次

察覺父母的愛，或是回顧以往，重新湧出對家人、朋友，和老師的感謝之情的。還有，常見到很多學生產生後悔的反應，想做的事卻一直沒去做的悔恨，以及對過去的錯誤和失敗的反省等，洋洋灑灑地寫在報告中。

或許書信這種方式比面對面來得容易表達，學生在「告別的信」中，超出我們想像自由地表達在假想中的自己的感情。

而且在「如果我只剩半年的生命」中，幾乎所有的學生都明確或在無意識中表示，要在最後一段時間裏，確認自己生命的意義。所以，面臨死之前的捫心自問，或許就是對自己的人生觀的省思吧！

東京外國語大學「從生與死當中學習——死亡教育概論」
（現國士館大學助教授·鈴木康明）

鈴木康明助教授也是「為死所做的準備研究會」的會員，他的專長是教育學和諮商，在東京外國語大學開了一學年四學分的課程。從第一講到第四講是談到生，而第五講到第八講是談死的內容。至於補充課程和資料的部分，盡可能以一個主題來思考。從他的書的目錄中擷取之項目如下。

第一講　BEING——①人性論（person）；②優生思想；③日本。

第二講　NOW AND HERE——① 活在時代中；②活在時間裏；③活在青年期。

第三講　PILOT——①老化高齡者的心理；②我們的準備。

第四講　SALAD BOWL——①多元文化的時代；②泛文化的差異；③所謂的「普通」。

第五講　BE THERE——①關於疼痛；②新的關係；③臨終關懷。

第六講　LOSS AND GAIN——①關於悲傷；②和我們的關係；③實際的變化。

第七講　GIFT——①給孩子們「死的學習」；②當做檢討課題的 GIFT。

第八講　WILL AND WISH——① 對壽命的期待；②死的方式之個人意志；③腦死和器官捐贈。

補充課程　①關於自殺；②關於虐待；其他的列入資料篇。

鈴木助教授在東京外國語大學的這一門課是共同科，從一九九七年起開始至今仍持續開課。聽說第一年選讀他的課的學生就超過五百人之多，可見學生對這個主題關心度之高。

他在生與死的教學時，並不是要教給學生什麼，而是利用一些報紙的報導和散文等，向學生提出各種問題。譬如在第四講時，為了象徵多元文化的時代，他以「Make a try！」為題，讓學生製作「以文化為主題的剪貼」。「Collage」（法文）是把一些印刷品剪貼，再加上一些詞句之意。藉著製作個人的剪貼，即使是同一個主題，結果的表現卻是不同的。讓學生察覺我們每一個人都是不一樣的。當然也讓學生察覺我們每一個人都是獨立的存在，如果不能理解即使同是日本人，大家也是各不相同的話，那麼和不同文化的人的交流，終究是做不到的。把地球比做裝生菜沙拉的盤子來看，那裏面混合了許多不同種類的人，要怎麼做大家才能做到和平共處？和不同文化的人到底該如何接觸等，自然而然地提供讓學生去思考的機會。

而且這本教科書的最後面還附有「資訊提供及詢問之各機關的電話一覽表」，例如女性遭遇性侵害時可處理的警察機關，其他如愛滋病和虐待兒童等有關的處理機關的電話號碼都有刊載。這本書從不同的角度提供生與死多元思考的題材和內容，對象不只限於大學生，也可提供更廣泛的年齡層，對終身教育充滿了豐富的啟示。

五、從終身教育的觀點再思「生與死」

這個部分是希望大家從學校教育擴展到終身教育，以更廣闊的視野來思考。也希望讀這本書的人都能來思考自己的「生與死」這個切身的問題。

向中年的危機挑戰

年輕時，每一個人都會覺得時間還很多，人生還很長。但是一到中年，不管你願不願意，你會發現人生已過了一大半，會感受到這個時期特有的精神危機。

這種對時間的重新體認，或許會讓人人陷入深沈的憂鬱中，但相反地也能成為重新發現時間寶貴的機會。中年的這種對時間認識的變化，可把它看做是人生的一項挑戰，因為死已是不能逃避而且逐步接近的問題了。如果把這樣的危機當做是重新評估自己的價值觀的絕佳良機的話，我想一定可以重新發現自己的。

另外，如試著寫寫自己的墓誌銘和重新檢討自己使用時間的方法，也是突破現狀的一個很好的訓練。因為寫自己的墓誌銘就像學生的演練課寫報告一樣，對客觀的評估自己的人生是很有幫助的。至於重新檢討自己對時間的使

用方法，我有幾項建議。

1.請舉出在你的人生中最重要的十樣事或物。

2.其中對你來說是最重要的、最不想失去的，按照順序列舉出來。

3.目前你的時間都是用在哪些事上？請列舉出來，並且和上一題列舉的項目對照一下。

4.如果當中列舉的項目，它們的順序是差不多一樣的話，那表示你的人生觀和你的生活步調是非常協調的。

5.但是，如果你舉出最重要的項目是和家人在一起，而事實上你卻沒有和家人相處的時間，請想想看要如何改變今後的生活方式。

像這樣對生活時間的確認，每隔幾年就可做做看，不僅可以修正自己的價值觀與實際生活的偏差，也可以成為以後發現新的生活模式的幫助。

迎向「第三個人生」

為了要有美好的人生總結，最近我對退休後的人的「第三個人生」，提出以下六點建議。

1.放下的心

停止執著（英文即 to let go，德文則為 loslassen）。或許愈是高齡的人愈是難做到的吧！不在乎自己過去的豐功偉業和頭銜，放下對財產和事物的執著，保有一顆單純清

靜的心，及一直往前看的心態。

2.原諒與和解

淨化心靈的重要——我認為日本人是特別注重人與人之間的和諧的民族，不僅如此，也希望每個人在死之前，都能做到與別人和解，饒恕原諒別人的過錯，讓精神上不要存留一絲芥蒂。

3.表達感謝

回顧自己的人生，就可以知道一路上得到多少貴人的相助，所以要坦率地向人表達由衷的感謝。

4.說再見

死，就像踏上新的旅途一樣，好好地與人說再見、道別，像是正式要出發的準備一樣。

5.完成遺書

為了不要發生自己死後爭奪財產的糾紛，完成一份法律上有效的遺書，留下最後的禮物。

6.想好適合自己的葬禮的希望的方式，傳達給身邊的人，也是一種對遺族的體貼的表達。

不分年齡，死，在我們每天的生活當中是根本的，屬於現在的一件大事。死，就像是我們人生中的同伴，在生的過程中，總是與我們息息相關。對這人生終極的、神祕的死之探尋，總是認真地去面對，追求長遠的生之路程，我想就是我之所以立志於「生與死的教育」的重要使命吧！

結尾的話 —— 一起前進吧！

　　我一直把「不可逃避的死」和「或許可以避開的死」分開來思考。「不可逃避的死」例如死於癌症，現在日本人中三個人就有一個人死於癌症的比例，這是人所無法掌控的一面。但是像車禍、自殺、愛滋病的死，今後，可藉著教育的力量，將大多數可能列入「或許可以避開的死」的部分，如果讓年輕人有機會去思考，相信效果是可以期待的。

　　就像我不斷提到的，這個生與死的教育，必須配合孩子的發展階段，和孩子以同樣的角度一邊思考一邊實踐才行。對於想著「今後將如何開始？」的人，我有一種想從背後推一把的心情：「沒關係的，總之和孩子們一起前進吧！」另外，對已經踏出一大步的人，我想送給他鼓勵的呼聲：「沒有一個教育是完全沒有問題的，只要彼此累積在錯誤中學習的經驗，就可以一起往前的！」

　　無論是進行到哪一個階段的人，「為死所做的準備教育」，其實就是不斷地省察自己的人生觀，踏向新的一步的難得的機會。因為本來教育就是教師每天對自己不斷的挑戰，在自我挑戰的過程中，如果沒有那個時候、那個地

點、那個人的話，就絕對不會經驗到那許許多多的事物了。

在此容我介紹我所負責的「為死所做的準備教育研究會」。

這個會在一九九九年成立，是「東京‧思考生與死之會」的活動的一部分。我想很多人都知道，我於一九八二年，在上智大學舉行了日本第一次的「思考生與死討論會」。起先我還很擔心，到底會有多少人來參加，結果證明我的憂慮是多餘的，討論會盛況空前，而且當時的參加者中，後來有些人還自己組成了可以自由談論生與死的小組。這些小組後來成為「思考生與死之會」的前身，不久擴大為會員達一千五百人的志工團體。

我在創設這個會時，有三點目標。

1.普及並促進「為死所做的準備教育」。

2.竭盡心力為醫療末期的改善與充實工作，推動臨終關護運動的發展。

3.營造死別經驗者分享傾吐的場所，幫助他們重新站起來。

我的這三大目標，從最初到現在，完全沒有改變過，我也把握所有的機會，持續地在日本各地撒下思考生與死的種子。認同我的主旨與看法的團體，到二〇〇一年三月，從北海道至沖繩，已推廣達四十七個。為了加強橫向

的聯絡關係，在一九九五年成立了「思考生與死之會、全國協議會」，從那時候起，我就擔任會長。全國的會員加起來，我想應該超過五千人。

長久以來，我秉持著前述的三大目標，擔任「思考生與死之會」這個志工團體的會長。不過在三、四年前，由於和我所提倡的「為死所做的準備教育」的普及，有了意見上的分歧，這個會的活動和我當初的目標愈來愈遠了。詳細的來龍去脈，不在此贅述。不得已的情況下，我在一九九九年辭去「思考生與死之會」理事的職務，和另一批熱心幫助我的人一起成立了一個新的「東京‧思考生與死之會」。希望這是個彼此心靈投契溫馨的組織。

這個「東京‧思考生與死之會」的活動中，第一個目標就是如何普及「為死所做的準備教育」，於是成立了「為死所做的準備教育研究會」，一年舉辦四次，每次聆聽實際進行「為死所做的準備教育」之人的報告，然後分成每十人一個小組，以一邊喝茶，一邊和講員交換心得的方式進行。會費是一般人士日幣一千元，學生是五百元。任何人都可自由參加，詳細情形可與事務局連繫。

詢問處「東京‧思考生與死之會」事務局
電話：（03）33575780
　　　例假日除外、星期一、二、四 10:00～16:00

在這二十幾年中，日本的社會環境有了很大的轉變。這次為了列舉日本各地推展「為死所做的準備教育」的實況，再一次確認日本許多地方，有那麼多人認真地在投入，說真的，感到很篤定、也很高興。反倒是礙於篇幅，不能一一詳述，感到非常抱歉、非常遺憾。

今後愈來愈需要珍惜地球上所有生命的睿智，日本也應站在更廣闊的視野上，把「為死所做的準備教育」當做人性教育的一環，積極普及，我們期待這一天的來臨，並且希望這個教育，有一天能在全日本正規教育中列入必讀課程，為了這一天的到來，打前鋒的先驅者更應以踏實的腳步一步一步往前。

最後，由於事務繁忙，著書的進度大幅落後，造成岩波書店編輯部田中朋子小姐的困擾，深感歉意。另外也向一直支援我的助理小山美榮小姐，表示最深的謝意。

二○○一年三月

Alfons Deeken

参考文獻

A・デーケン、メヂカルフレンド社編集部編『〈叢書〉死への準備教育』（全三巻）メヂカルフレンド社，一九八六年。

A・デーケン『死とどう向き合うか』NHK ライブラリー、一九九六年。

柳田邦男、A・デーケン編『〈突然の死〉とグリーフ・ケア』春秋社，一九九七年。

E・キューブラー・ロス、川口正吉訳『死ぬ瞬間』読売新聞社、一九七一年。

種村エイ子『「死」を学ぶ子どもたち』教育史料出版会，一九九八年。

高橋祥友『青少年のための自殺予防マニュアル』金剛出版，一九九九年。

Johannsen, Friedrich und Schittko, Klaus. "Sterben und Tod" Göttingen: Vandenhoeck &. Ruprecht, 1981.

Schulz, Siegfried. "Sterben-Tod-Auferstehung". Stuttgart: Klett, 1985.

Barbara Ward and Associates. "Good Grief". (I&II), London:

Jessica Kingsley Publishers, 1994.

AERA 臨時増刊『死の準備』朝日新聞社，一九九八年。

あしなが育英会編『自殺って言えない――自死で遺され
　た子ども・妻の文集』あしなが育英会，二〇〇〇年。

兵庫・生と死を考える会『生と死の教育――教育現場で
　実践できるカリキュラム』連絡先：「兵庫・生と死を
　考える会」，一九九九年。

鈴木康明編『現代のエスプリ三九四　生と死から学ぶい
　のちの教育』至文堂，二〇〇〇年。

鈴木康明監修『道徳・ NDC114　いのちの本』（全二
　巻）学研，二〇〇一年。

鈴木康明『生と死から学ぶ――デス－スタデーズ入門』
　北大路書房，一九九九年。

熊田亘『高校生と学ぶ死――「死の授業」の一年間』清
　水書院，一九九八年。

千葉敦子『死への準備日記』朝日新聞社，一九八七年。

千葉敦子『よく死ぬことは、よく生きることだ』文藝春
　秋，一九八七年。

M ・ジュリー＆D ・ジュリー、重兼裕子訳『おじいちゃ
　ん』春秋社，一九九〇年。

大塚敦子『さよなら　エルマおばあさん』小学館，二〇
　〇〇年。

《絵本・童話》

ハンス・ウィルヘルム、久山太市訳『ず一っとずっとだいすきだよ』評論社，一九八八年。

佐野洋子『一〇〇万回生きたねこ』講談社，一九七七年。

L・K・ブラウン&M・ブラウン、高峰あづさ訳『「死」って、なに？――かんがえよう、命のたいせつさ』文溪堂，一九九八年。

ジム・ボウルディン&ジョアン・ボウルディン、北山秋雄訳『「ちようなら」っていわせて』（塗り絵絵本）大修館書店，一九九七年。

葉祥明絵・柳瀬房子文『地雷ではなく花をください』（Ⅰ～Ⅳ）自由国民社，一九九六～一九九九年。

E・キュ－ブラ－・ロス、アグネス・チャン訳『ダギ－への手紙』佼成出版社，一九九八年。

《ビデオ》

A・デ－ケン『死とどう向き合うか』（十二巻セット・テキスト付）、NHK ソフトウェア，一九九四年。

兵庫・生と死を考える会『生と死の教育』（全一〇巻）スタジオバルネット，二〇〇一年。

國家圖書館出版品預行編目資料

生與死的教育／Alfons Deeken 原著；王珍妮譯.
--初版.-- 臺北市：心理, 2002（民91）
面；　公分.--（生命教育；3）
參考書目：面

ISBN 978-957-702-489-3（平裝）

1. 死亡－教育　　　2. 生死學

191.9　　　　　　　　　　　90022842

生命教育3　生與死的教育

作　　者：Alfons Deeken
總 校 閱：張淑美
譯　　者：王珍妮
總 編 輯：林敬堯
發 行 人：洪有義
出 版 者：心理出版社股份有限公司
社　　址：台北市和平東路一段180號7樓
總　　機：(02) 23671490　　傳　真：(02) 23671457
郵　　撥：19293172　心理出版社股份有限公司
電子信箱：psychoco@ms15.hinet.net
網　　址：www.psy.com.tw
駐美代表：Lisa Wu　tel: 973 546-5845　fax: 973 546-7651
登 記 證：局版北市業字第1372號
電腦排版：辰皓國際出版製作有限公司
印 刷 者：玖進印刷有限公司
初版一刷：2002年2月
初版四刷：2008年9月

定價：新台幣200元　　■有著作權·侵害必究■
ISBN 978-957-702-489-3

讀者意見回函卡

No. _____   填寫日期： 年 月 日

感謝您購買本公司出版品。為提升我們的服務品質，請惠填以下資料寄回本社【或傳真(02)2367-1457】提供我們出書、修訂及辦活動之參考。您將不定期收到本公司最新出版及活動訊息。謝謝您！

姓名：_____ 性別：1□男 2□女

職業：1□教師 2□學生 3□上班族 4□家庭主婦 5□自由業 6□其他____

學歷：1□博士 2□碩士 3□大學 4□專科 5□高中 6□國中 7□國中以下

服務單位：_____ 部門：_____ 職稱：_____

服務地址：_____ 電話：_____ 傳真：_____

住家地址：_____ 電話：_____ 傳真：_____

電子郵件地址：_____

書名：_____

一、您認為本書的優點：（可複選）

　❶□內容 ❷□文筆 ❸□校對 ❹□編排 ❺□封面 ❻□其他____

二、您認為本書需再加強的地方：（可複選）

　❶□內容 ❷□文筆 ❸□校對 ❹□編排 ❺□封面 ❻□其他____

三、您購買本書的消息來源：（請單選）

　❶□本公司 ❷□逛書局⇨_____書局 ❸□老師或親友介紹

　❹□書展⇨____書展 ❺□心理心雜誌 ❻□書評 ❼其他_____

四、您希望我們舉辦何種活動：（可複選）

　❶□作者演講 ❷□研習會 ❸□研討會 ❹□書展 ❺□其他____

五、您購買本書的原因：（可複選）

　❶□對主題感興趣 ❷□上課教材⇨課程名稱_____

　❸□舉辦活動 ❹□其他_____ （請翻頁繼續）

| 廣 告 回 信 |
| 台 北 郵 局 登 記 證 |
| 台 北 廣 字 第 940 號 |

（免貼郵票）

 心理出版社 股份有限公司

台北市 106 和平東路一段 180 號 7 樓

TEL: (02) 2367-1490
FAX: (02) 2367-1457
EMAIL:psychoco@ms15.hinet.net

沿線對折訂好後寄回

六、您希望我們多出版何種類型的書籍

❶□心理 ❷□輔導 ❸□教育 ❹□社工 ❺□測驗 ❻□其他

七、如果您是老師，是否有撰寫教科書的計劃：□有□無

書名／課程：＿＿＿＿＿＿＿＿＿＿＿＿＿＿＿＿＿＿＿

八、您教授／修習的課程：

上學期：＿＿＿＿＿＿＿＿＿＿＿＿＿＿＿＿＿＿＿＿

下學期：＿＿＿＿＿＿＿＿＿＿＿＿＿＿＿＿＿＿＿＿

進修班：＿＿＿＿＿＿＿＿＿＿＿＿＿＿＿＿＿＿＿＿

暑　假：＿＿＿＿＿＿＿＿＿＿＿＿＿＿＿＿＿＿＿＿

寒　假：＿＿＿＿＿＿＿＿＿＿＿＿＿＿＿＿＿＿＿＿

學分班：＿＿＿＿＿＿＿＿＿＿＿＿＿＿＿＿＿＿＿＿

九、您的其他意見

＿＿＿＿＿＿＿＿＿＿＿＿＿＿＿＿＿＿＿＿＿＿＿＿＿＿